智元微库
OPEN MIND

成 长 也 是 一 种 美 好

婚姻不将就

女心理师的家庭咨询手记

周小鹏 著

MARRIAGE

人民邮电出版社

北京

图书在版编目（ＣＩＰ）数据

婚姻不将就：女心理师的家庭咨询手记 / 周小鹏著
. -- 北京：人民邮电出版社，2022.3（2024.3重印）
ISBN 978-7-115-58534-9

Ⅰ. ①婚… Ⅱ. ①周… Ⅲ. ①婚姻－咨询服务②家庭
－咨询服务 Ⅳ. ①C913.1

中国版本图书馆CIP数据核字(2022)第004565号

◆ 著　周小鹏
　　责任编辑　张渝涓
　　责任印制　周昇亮
◆ 人民邮电出版社出版发行　　北京市丰台区成寿寺路 11 号
　　邮编 100164　　电子邮件 315@ptpress.com.cn
　　网址 https://www.ptpress.com.cn
　　天津千鹤文化传播有限公司印刷
◆ 开本：880×1230　1/32
　　印张：9　　　　　　　　　　2022 年 3 月第 1 版
　　字数：300 千字　　　　　　　2024 年 3 月天津第 6 次印刷

定　价：59.80 元
读者服务热线：（010）81055522　印装质量热线：（010）81055316
反盗版热线：（010）81055315
广告经营许可证：京东市监广登字 20170147号

走进婚姻很容易，住在婚姻里很难。时间久了，我们甚至不会说话、不会付出、不懂爱，也不知何去何从。《婚姻不将就》让你重新认识对方，认清自己，热爱你们的婚姻。

——程莉莎　演员

周小鹏的《婚姻不将就》将爱和婚姻剖析得很透彻：爱是婚姻的起始，只有相互吸引，才能携手同行；但爱，并非婚姻的全部。好的婚姻，其实是一场以感情为根基建立的合作共赢关系。

——赵翌竑

《男人来自火星，女人来自金星》作者约翰·格雷的中国经纪人真正维系婚姻的不是爱情，而是接纳和包容。以改变为目的的婚姻，维系起来会特别辛苦。当我们更多地要求自己、接纳对方的时候，婚姻才能更美满幸福。

——杨志峥　律师　抖音百万粉丝大 V

夫妻二人既是独立完整的个体，又是亲密无间的伴侣。独立，不是屏蔽内在的真实需求，而是借助关系的力量来整合自己；亲密，不是无底线地依靠伴侣，而是能从健康的依恋关系中得到支持和成长。愿你们通过阅读《婚姻不将就》在婚姻中活出亲密而独立的姿态。

——莎娜　主持人　《爱情保卫战》常驻情感导师

亲密关系的本质是需求匹配。恋爱时，双方需要满足的是情感需求；结婚后，双方需要满足的则是价值需求。《婚姻不将就》是一本让你从恋爱顺利过渡到婚姻的宝典，推荐每一位用心经营亲密关系的人看。

——阎品红　主持人　《爱情保卫战》常驻情感导师

好的婚姻，都自带成长属性。只有双方步调一致向前，才能成为彼此眼中更好的另一半。《婚姻不将就》一定能为你们的关系注入源源不断的动力。

——林少　十点读书 App 创始人

经营婚姻是一门技术，需要师父带进门；经营婚姻更是一门艺术，需要自己领悟。小鹏老师的《婚姻不将就》一书，文字深入浅出，案例源自生活，让你掌握夫妻相处的技术，同时体会爱的艺术。

——余崇正　《超级演说家》第三季季军

前　言　Preface

做独立自我，拒绝将就的婚姻

你思考过"如何拥有更好的婚姻关系"这个问题吗？

我一直在探索并思考这个问题，这本书，也是我部分思考心得的总结。

在互联网的高速发展中，婚姻、情感话题，永远是各大网络平台经久不衰的热门话题，曾经相爱的明星撕破脸要离婚、已分手的男男女女哭着喊着求复合、以为遇到真爱没想他是个渣男[1]，骗钱骗色还骗感情……这些相似的情感事件，为什么一直能引发无数人的共鸣？

近10年，网络上充斥着各种如何经营婚姻、如何寻找完美爱情、如何妥善解决婚姻问题的知识内容，虽然这些内容把现代人

---

[1]　网络用语，通常指对待异性感情不认真、玩弄对方感情的男人。

的婚姻本质拆解得一清二楚，但是为什么依旧还有无数的男女迷失在爱情中，被爱所伤？

我每年都要做数百个家庭的婚姻咨询，在这些看似琐事的背后，我发现，随着时间的流逝，他们彼此的爱意也在渐渐消退。爱意消失，成了他们婚姻的"杀手"，而让他们爱意消失的罪魁祸首，是这段关系对两个人自我的束缚和压抑。

两个陌生的人起心动念，因为情感的自然流露而恋爱；但进入婚姻生活后，"自我"的需求日渐突出，最初纯粹的情感关系在双方需求的对峙下变成了一段利益色彩明显的博弈关系。

或者爱情从起始就包含诸多复杂的心理因素，只是它的激情太过光彩夺目，掩盖了那些我们无法定义、无法形容的情感杂质。巴尔扎克曾借着他笔下人物的口无比诚实地说："她满足了我全部的虚荣心，这些虚荣心就是半个爱情。"简言之，这份爱既是爱这个人本身，又完全不能和她的外在割裂。巴尔扎克写道："如果她失去围绕她的钻石、花边，她令人敬重的身份和气派，这份狂热的爱情就要减半。"

你因何爱上一个人？对方又因何爱你？一个巨大而充满魅力的幻想是，在自由恋爱中，我们找到了爱情，找到了那个对的人。他刚好能够认识和欣赏你的优点，并且他很重视这些优点，他渴望拥有你所具备的这些优点。与此同时，他又刚好能够理解和容忍你身上那无数的缺点，并且这些你认为可怕的缺点在他的眼中偏偏无足轻重，甚至是可爱的。带着这般幻想，我们勇敢地向前一步，迈入了婚姻关系。

可是，这时的关系怎么变了呢？婚姻非但不像温暖、柔软的毛毯温柔地裹住我们的心灵，反而像一面反射自身缺陷的镜子，让我们看到丑陋不堪的自己。我们领略到的，不是向往中的支撑，而是意想不到的伤痛。

我每天的工作就是与恋爱咨询、婚姻咨询打交道。我发现很多人在并不如意的婚姻关系中将就着，他们觉得自己的婚姻完全是一场错误。但开弓没有回头箭，为了孩子，为了双方父母，为了自己的面子，很多人只能与伴侣貌合神离地得过且过。这种状态会逐渐消耗掉双方对于生活的激情。

"在婚姻生活中，你觉得痛苦的原因是什么？"在咨询时，我得到的反馈几乎都是：因为爱情消失了，所以婚姻才将就；因为选错了人，所以婚姻才不幸福。事实上，这些经营不好婚姻的人，在其他关系上也无法游刃有余、应对自如。

好的婚姻关系，一定是一段供求平衡的关系，双方的自我是自由的、独立的，在这段关系里需求是被回应的、满足的。很多人说："我爱你，所以我想和你在一起。"但内心的声音可能是："我需要你，所以我想和你在一起。"所以，经营好婚姻的关键，并不是拿着爱情的感觉去要求对方，而是得当地表达自我需求，恰到好处地回应对方的需求。这样，这段婚姻才能让两个自我舒服，平衡的关系才得以永恒。

不是相爱，而是相互需要

婚姻中的"自我"不容忽视。一方面，恋爱或婚姻关系中存在伤害，需要"自我"来捍卫；另一方面，"自我"本身存在巨大的需求空洞。"自我"被强烈地意识到，是因为它的需求被强烈地意识到。

与心理学家所说的"自足的状态"正好相反，几乎所有婚姻出现预警的人都处在自我匮乏的状态，他们责备对方不回应自己，埋怨对方不理解自己，甚至愤怒于对方不爱自己，于是通过一哭二闹三上吊的方式纠缠对方，这都是欲求不满的表现。

一些情侣、夫妻谈起对方时，没有一句好话，全是指责。有一位姑娘涕泗横流，细数男友对她做过的过分的事情。比如，男友常拿她的身材开玩笑；男友从来没有给她买过一样礼物；更伤人的是，有一天她去给男友送好吃的，发现男友悄悄把自己住所的钥匙换了，目的就是不让她进自己的房间。姑娘深受伤害，但当别人说"他都这样对你了，你为什么不和他分手"时，姑娘又犹豫着说"舍不得"。

"舍不得"是因为，有时"我需要"多过彼此相互爱慕。在很多恋爱或婚姻关系中，根本看不到爱的影子，但两个所谓有爱的人却谁也离不开谁。将他们扣在一起的是十分复杂的心理成分，比如依赖、不安全感、对改变的恐惧、不稳定的价值感。它们相互渗透，形成情感牵连。厘清这一切是困难的。有时我们会把这些心理统称为"舍不得"。然后，这种舍不得又会被当作爱的证据。毕竟他们认为，如果不爱，又怎么会放不开手、舍不得呢？这不是爱，又是什么呢？

当我们的自我没有因为分手而变得碎裂而动荡时，我们能清醒地觉察到分手影响的是感情，但我们的安全感、自我价值感仍然是稳定的。我们不会被孤独威胁，有独立自主生活的能力。此时，我们还会不会感到"舍不得"呢？明明知道这是一段不适合的关系，却无法自主地离开，是因为爱慕不舍，还是因为依赖不舍，这是有区别的。前者是因为对方身上有让我们发自内心欣赏与着迷之处，我们心甘情愿地持续给予；后者则是"食之无味，弃之可惜"的感情，只能在不断的抱怨中持续地要求给予。

事实上，生活中能够保持理想状态的人，我们可以称其为拥有爱的能力的人。很可惜，这种能力并不是每个人都具备的。**拥有爱的能力的人，能够当断则断，做到不爱了就果断告别，也清楚如果两个人未来的方向不一致，再爱也要懂得放手。** 能够做到这些，并非因为他更理性、更坚强、更具有抗挫能力，而是因为他的"爱情自我"是完整的，他的安全感、价值感都能够使其独立于爱情而"活得很好"。这样的人，才可以把爱情和婚姻经营成自己想要的模样。可惜，有些人存在不健全的"爱情自我"，失去了爱情或婚姻，安全感和自我价值感就荡然无存。所以，即便爱情或婚姻于自己食之无味，他们也没有勇气做出改变。

所以，对于在恋爱或婚姻关系中将就的人，我提醒他们首先应该问一问自己："你爱他什么呢？你是否在暗暗期待他满足你的某些需求？"你期待有了他，你会更有安全感，你的生活更有支撑。那些你难以面对的、存在自我缺陷的部分，他愿意无条件分担。换言之，你爱上一个人，可能是因为你爱他眼睛的颜色，爱他的聪明勤劳和成熟踏实。事实上，和爱的感觉搅在一起的，或许只是你下意识的理性选择，你想选择一个能够承接你脆弱自我的对象。

心理学家常说，所有的关系都可以作为探索自己、认识自己的途径。婚姻之所以复杂，是因为这段关系在提醒我们，不仅要用心地探索自己，还要准确地探索对方。婚姻不仅是经营两个人的关系，还是经营两家人的关系、社会关系以及彼此未来发展的关系。

屈服的自我，满足需求的权力在别人手中

需求滋生权力。当人有了需求，且这种需求的满足要依赖对方时，诚如一位作家所说，爱情中就有了权力，并且谁对对方的需求更少，谁就掌握了主动权。

虽然人们常说，恋爱或婚姻关系中的给予方是高尚的，索取方是鄙俗的，但因为索取完全仰赖他人给予，这就决定了在恋爱关系中的索取者，更容易受伤。

如果你是索取方，你想要听对方说甜言蜜语，要看对方有没有心情、愿不愿意说；你想要对方的陪伴，而对方却对你说他需要空间、他不喜欢黏人的伴侣；你想要成为对方唯一的爱人，可对方偏偏不甘心放下那一片森林……你的索取就让对方在无形中主宰了你的情绪。

事实上，就是因为意识到自己的喜怒哀乐全部被对方掌控，我们才那么愤怒，我们才会感觉自己受到了极大的伤害。也就是说，在恋爱或婚姻关系中，无论对对方的需求是否过度，只要我们的需要是对方才能满足的，我们就会在这段关系中失去自我和自主能力。对方会因为我们的这种需求而变得更有权力，我们却变得只有屈服的份儿。在恋爱或婚姻关系中，权力的丧失可能才是令深陷其中的人伤痛不已的根源。

很多人觉得婚姻食之无味，弃之可惜，是因为他们丧失了对婚姻的掌控权。他们能够感受到自己在被迫迎合对方，被迫想尽办法维系这段关系。仅仅是这种失去自主的被迫行为，就能让我们充分意识到爱情权力的丧失。**其实，爱并不会让我们失去自我，但混杂在以爱之名下的更复杂的心理因素会让我们痛失自我。屈服于爱，我们是不会感到羞辱的。而屈服于需求——你在等待对方满足你的需求，而且你清醒地意识到，只有对方拥有这种权力，**

你无法左右他的行为，这才会让人感到羞辱。

历史上，司马相如和卓文君的故事是一个很好的例子。当司马相如飞黄腾达后，动了抛弃卓文君的念头，卓文君是怎样做的呢？她太有理由大哭大闹了："你这小子，在你一文不名、没有飞黄腾达时，我抛弃巨富之家和你私奔，甚至不惜抛头露面当街卖酒。你在我的帮助下发达了，就想抛弃我，你太忘恩负义了。"但卓文君没有，她很有力地写道："努力加餐勿念妾，锦水汤汤，与君长诀。"

一个人之所以在受伤的状态下还能保有这样的自制和尊严，除了个人的性格，还和她在爱情中能保持自主有关。卓文君付出再多都是自主的，她清楚地知道，有些事是无法期待对方来满足自己需求的。与其哭着屈服、求着对方交换，不如保留自己的尊严。

但是很多人做不到这一点，他们在亲密关系中感到自我消融了，不能独立自主，变得懦弱无比，往往是因为他们从一开始就带着更多的需求，走向对方。在一段关系中，期待对方能满足自己对爱人的所有幻想是一件困难的事。当我们带着比爱更多的需求走向一段关系时，与其说恋人是一个被爱恋、被支持的对象，倒不如说他是一个能够给自己提供支持并分担脆弱自我的对象。

我们可能并不是在保持自我完整性和独立性的条件下去恋爱的，恰巧是在自我支离破碎、动荡不已的情况下，寻求自以为最不费力的支持。但在别人的权力之下，我们更可能体验到自我的挣扎。

混乱与冲突，爱情与自我的挣扎

"我该怎么办？我该离开他吗？他虽然不关心我，但也有对我好的时候啊。"我们在恋爱或婚姻关系中经常会陷入走投无路的自我冲突境地，不知该何去何从。

有位女士离异后，头脑一热，接受了已婚前夫的再度追求。但她的前夫每次和她约会，都要提到自己多有家庭责任感。比如，为了让家人生活得更好，他还开展了副业；每月把挣的钱都主动上交给妻子；就连他和前妻一起去了好吃的餐厅，都要提一句要带自己的妻子也来尝尝。一切都让这位女士困惑且不爽。她困惑的是，如果他不喜欢自己，为什么还要来招惹自己？她不能确定的是，这份感情是不是旧情难断。

如果不是她的需求在关系中被扭曲，那么她可能就能看清她的前夫不过是通过炫耀自己的责任感、上进心，塑造一个好丈夫的形象，在她面前刷存在感；同时，她的前夫还不忘暗示她，自己是不会主动离婚的。如果她能看清这些，就能够毅然地做出判断：自己被这段关系吸引，并非因为爱对方，而是因为自己对情感的需求在这段关系中获得了满足。

在爱情中，与爱无关的需求会让我们陷入混乱和自我冲突，因为需求首先会让我们在情感问题的归因上陷入混乱。我们会倾向于寻找与爱无关的、补充性的次要行为和解释，以此支持自己并不合理的选择。

补充性的行为可以用心理学上的认知失调理论来解释。为了让自己心里感到好受一点，为了证明自己的选择没有错，在承认对方的行为恶劣时，我们会下意识地找出对方一些微小的、对我们有益的行为，以此平衡、弥补自己内心的损失感。我们试图通过这些微小的"好"，重新平衡彼此的关系。

比如一对总是争吵的恋人，彼此主要的矛盾都集中在男方不顾女方的感受，经常和其他异性毫无边界地交往。女方为此感到非常痛苦，但在评价彼此的关系时，又弱弱地补充说："其实他对我还是很好的。"好在哪儿呢？好在男友曾经根据她的口味给她做过屈指可数的几顿饭，好在男友经常对她说一些甜言蜜语，能够在她生气的时候哄她两句。这一点爱意，和男方带给她的伤害是不能相提并论的，却成为让她无法止损的牵绊和理由。

这是因为，与爱无关的需求会让我们的内心陷入拉锯战。"我该决绝地和他说再见——不，我应该再包容他一点？""到底是他对我太坏了，还是我太任性了？"冲突会引发思维的反刍，让我们不断地把矛头指向自己，对自己产生不必要的怀疑。当我们开始怀疑自己是关系恶化的罪人时，关系中的权力天平就开始微妙地向对方倾斜。与此同时，自己会逐渐降低预期和底线。

但是，在这样的解释和让步中，我们又会感到痛苦。与此同时，冲突还会激发内在的羞耻感。因为当我们屈服于需求时，我们仍然感觉到，对方的次要行为（对我们好的行为）和他的主要行为（对我们不好的行为）相比是微不足道的，不足以抚平我们的屈服感。在这种屈服中，虽然需求得到了满足，我们却不能按照自己的内心做事，不仅不能尊重自己的感受，反而要压抑自己的感受。

不健全的爱情自我，往往伴随着我们在爱情关系中权力的丧失和对这种丧失的意识。只有当我们的自主能力更强、对对方的要求更少时，"爱情自我"才不会成为关系中的冲突所在、才不会成为时时感到饥渴和不足的黑洞，才会成为爱的来源。

在从事婚恋心理咨询近 20 年的时间里，我接触的婚恋问题层出不穷，甚至可以说每位来访者背后都有一段独特的婚姻，但这些婚姻问题的本质都是一个：打破了关系的供求平衡。能够认识到这点并学习用心维护平衡状态的人，幸福也会迎面而来。

那么，开始阅读吧，开启婚姻关系的平衡之旅。

周小鹏

目 录 Contents

/1

第一章 本质：亲密与独立

第二章　伤痛：相处的挑战

第三章　博弈：纠缠关系的背后

第一章

本质：亲密与独立

第一节

强迫性重复，源自阿喀琉斯之踵

    在爱情中，有些人似乎永远都搞不清自己的利益在哪儿，总是选择让自己受到伤害的人或相处模式。

    比如，一位不断遭遇男友背叛的女生，在下次选择男朋友的时候，还是会对花心的男生来电。旁观者对此感到万分不解：她怎么总是喜欢这种人，她为什么不能像别人一样从受过的伤害中总结恋爱经验？吃过自私者的苦，从此避开自私的人；吃过控制者的苦，在往后的恋爱中避开控制欲强的恋人。这是正常人的行为方式，但是，这位女生无法做到。为什么她遭遇了各任男友的背叛，还做不到吃一堑长一智？

    心理学上有一个现象叫作"强迫性重复"。这个现象的提出者是心理学家西格蒙德·弗洛伊德（Sigmund Freud），他在《超越快乐原则》一文中阐述了自己对孩子的观察研究。他发现，孩子会把自己最喜欢的玩具扔出去，再呐喊着要回来或捡回来，如此不断重复。这一行为反映在处于爱情中的人身上时，就表现为他们会不知不觉地对某一类型的人产生深刻而强烈的需求，并引发重复性的互动行为。他们之所以这样做，是因为可以借由这种重复，采用一种他们熟悉的互动模式。这也许是我们小时候和身边的重要他人形成的互动模式。通过重复这一模式，第一，我们无须面对改变的风险和困难；第二，鉴于这是我们熟悉的模式，也就意味着拥有安全感和心理舒适。尽管从后果来看，不见得是好的后果。但从这一点出发——通过重复，我们能在一定程度上获得心理上的好处。虽然这种好处，不管是安全感、舒适，还是心理支持，都带有酒精抚慰般的性质，是短暂的，有实际危害的。它让我们为了这一点暂时的、有时必需的好处，不惜付出长久而沉重的代价。而那些能够引发我们强迫性重复的人身上，往往有某些"重要他人"的特征。

低自尊的强迫性重复

能够引发一个个体产生强迫性重复的人，要么与该个体的重要他人存在特征关联，要么拥有该个体缺失却渴望的特质。也就是说，你之所以在与一类人相处时出现强迫性重复，很可能是因为对方的性格特质里有你所缺失的因子。比如，总是选择花心男生的女生，并不是喜欢花心，也不是喜欢所有花心型的男生，而是渴望某些可能和花心共生的特质，譬如风流倜傥、甜言蜜语等。

陷入强迫性重复时，我们会深受其害，并且难以自拔。例如，有位男士喜欢的对象都是情绪脆弱、需要精心照顾的人。这给他的生活带来巨大的麻烦。当别人享受两情相悦、家庭之乐时，他却要付出比常人更多的耐心照顾自己的爱人。因为他的母亲就是这种类型的人。在他还是孩子的时候，他就承担起了抚慰母亲情绪的重担。当他成人后，他又不自觉地选择那些和自己的母亲具备相同特质，并能重复过去的相处模式的对象。

需要注意的一点是，强迫性重复与选择偏好有所不同。比如你喜欢阳光、帅气、有责任心的男生，只要遇到这样的异性，就容易产生好感。这是选择偏好，不是强迫性重复。二者存在以下明显的差异。

第一，结果指向不同。强迫性重复指向一个伤害的结果，比如总是选择给自己带来伤害的那个类型的人和那种方式。

第二，强迫性本身就说明个人是失控的，抑制不住自己的行为，不能自主进行选择；而选择偏好有很强的理性成分。

第三，重复代表一种不能自拔的状态、不能自救的软弱。

下面这个例子清楚地描述了深陷强迫性重复、不能自救的状态。

某位女士很早就知道自己遭到了老公的背叛，但她的选择是规劝。多次规劝之后，老公仍不知悔改。而且最后通牒是老公下的，他放狠话说："你离也得离，不离也得离。"他是铁了心要抛弃她，并和其他女人结婚。

离婚对这位女士造成了很大的伤害。不仅前夫不支付女儿的生活费，而且离婚没几天，她发现自己怀孕了。但前夫知道后毫不在意，更没有复婚的意思，她不得不中止妊娠。后来，前夫被其他女人甩了，又回来找她复婚。她觉得前夫被人甩了，挺可怜的。她对前夫还有一些感情，所以准备接受复婚的提议，只是担心复婚后还可能像从前那样遭到背叛。

大多数人都会认识到，和这样的人复婚就是在重复伤害自己的模式。

第一，长期出轨，经多次规劝仍不知悔改，说明他自私自利，不顾及伴侣的感受；第二，作为父亲，不给女儿生活费，说明他没有责任心，作为前夫，他没有履行义务；第三，这位女士怀孕了，他却丝毫不关心，说明他这个人冷漠无情。

对我们来说，这样的人避之唯恐不及，这位女士还要和他复婚，真是匪夷所思。其实这位女士陷入了低自尊的强迫性重复，对此无能为力。一般来讲一个人反复被别人伤害又改变不了自身处境时，就会产生很强的自卑感。

一方面，受害者在亲密关系中通过不断重复过去受伤害的情景，可以体验自己想要的一种感受；另一方面，被对方反复伤害却无能为力产生的自卑感，会让受害者降低对对方的要求。

在亲密关系中，一个人一旦掉入低自尊强迫性重复的循环，

就会让自己无路可退，这同时意味着对方可以肆意妄为。上述案例中的女士，不敢对丈夫提要求，姑且不说要求对方表现出善意的爱，连对方给予的恶意的"爱"，她都全盘接受。只要对方能回到自己身边，哪怕过去的一切都重演、自己遭遇的伤害一直重复下去，她都愿意。越沉浸在这段关系中，自尊被蹂躏得越重；而自尊越是低微，自己越无法割舍这段关系。

自尊是一个人在世界上独立行走的骨骼，失去了它，人便无法独立行走。所以，这位女士遭遇的一些伤痛，符合她的低自尊心理诉求，她遭遇着身体的伤痛和情感的漠视，但"享受着"这段关系带来的安全感。从这种糟糕模式的强迫性重复中，她满足了携带脆弱卑微的自尊继续生活、前行的需求，获得了活下去必需的某种支持。她并不是受虐狂，这个男人也不是施虐狂。但这个男人对她的伤害或否定强化了他对她的影响力，似乎在某种程度上，她必须和他——这个特定的人绑在一起，才能稍感安心，生活才能回到正轨。换句话说，她似乎缺少让自己走出这一重复模式的某种心理能力。

每个人都有阿喀琉斯之踵

我们说到，能够使一个个体产生强迫性重复的人，是因为这个人拥有该个体缺失却渴望的特质。"我们在不知不觉中，特别容易和某一类型的人产生深刻而强烈的互动。"如果这一深刻而强烈的互动是因为共鸣，是由美国心理学家罗伯特·斯腾伯格（Robert Sternberg）所认为的相似性引发的，那么强迫性重复带来的负面结果会少很多。

但是，欣赏与饥渴是两回事。欣赏可以带来享受，但饥渴会招致失衡。如果你因为欣赏而与一个人恋爱，那么当有一天他说不爱你了、想要离开时，虽然你会很心痛，难以割舍，但还是会说服自己慢慢接受这个事实，从而一别两宽；但是，如果你因为非常饥渴从而拥有一段关系，获得后，你会充分利用关系带来的快感——可能是物质上挥霍无度，也可能是精神上百般依赖，那么当有一天他说不爱你了、想要离开时，你会难以接受这个事实，进而做出伤害自己，甚至两败俱伤的事情。当爱是因"特别的需求"而生时，我们需要这段关系，基本上是因为它能向我们提供生存所需的某种资源，比如满足我们的某些心理需求，给予某种心理支持。这时，对方的特质会让我们上瘾，如果这种让自己上瘾的特质连带这段关系消失，我们就会接受无能，于是为了避免失去而屈服于对方。

这个"特别的需求"往往就是我们的"阿喀琉斯之踵"。

在一部电影中，男主人公深深地迷恋一名神秘女子。不仅因为这名女子美丽动人，更重要的是，她的气质暗合了他那与现实环境格格不入的内心。他热爱古代那些浪漫的故事。表面上，这名女子正是古代浪漫故事中女主角的代表。但他真正的阿喀琉斯之踵，是他内心中这一特别的、脆弱的部分（他与现实环境的格格不入），需要从另一个握有资源的人那里得到支持。

强迫性重复，就是不断地、不能自已地从一种有害的相处模式或一个有伤害性的人那里，重复性地获得某种东西（支持、安慰）。 站在阿喀琉斯之踵的角度考虑，我们就能理解有些人为什么会依赖某人、某物，因为这种依赖的背后，可能藏有无法自控的软弱之处，而自己的软弱，可以通过这种有害的行为暂时得以缓解。

从心理动机来说，明知关系有害的人却无法离开这段关系、明知纵酒伤身的人却醉饮无度、明知吸烟有害健康的人却抽烟上瘾，都是通过强迫性重复来掩饰自己的懦弱。

再来看上文那位想要复婚的女士。大多数人会认为她有点不可思议——前夫出轨了，我们看不到她的怒火，看到的是她多次的规劝。规劝是为了前夫能够悔改，悔改就代表留在她的身边。但前夫抛弃她后不久又要求复婚，理由不是悔改了，而是因为他自己被别人抛弃了。面对这样的前夫，有着健全自尊的女性是万万不会回头的。但是，这位女士动心了。

在她的低自尊重复中，她从重复中获得的关系，反映了她内心的阿喀琉斯之踵，即那个"特别的需求"。也许她的前夫身上具有某种她特别需要、特别看重、特别缺乏的特质。本例中，这个特别的需求可能是自我认可。我们从这位前夫的为所欲为、对她的予取予求中可以推论，在两人的关系中，前夫有多么稳定的自我认可，所以不需要她的认可；而她又多么需要从对方对她的接受中，间接地获得部分的自我认可。前夫的抛弃，会特别提醒她在这一点上的缺乏。

强迫性重复带有的寻求"补充"和"支持"的性质，反映的正是一种源自脆弱的需求。这位女士找不到这个需求，不能自行解决这个需求，因此难以摆脱对强迫性重复的屈服。

激情之爱：为什么总是会爱上"渣男"

此外，有一点不能忽视的是，"和某一类型的人产生强烈而深刻的互动"之中是否包含让人沉溺的激情的刺激。

有一位女士对第二段婚姻再次感到失望，她想离婚的理由是对方自私、精明，对她不好，不和她一条心。而她第一次离婚的理由竟然同上，同样是因为对方对她不好。当问她为什么总是找这些对她不好的男人时，她沉默了，想了一会儿才说，没结婚的时候，他们都对她挺好，挺浪漫的。

这样就存在一种可能性：这两个男人身上存在一种共性——吃准了她爱浪漫的要求，以和她结婚为目的，假装浪漫。"吃准"表现了精明，有目的地假装表明了不诚恳。总结起来，她对这种精明、不诚恳的男人比较"来电"。很好理解的是，和一个自私、精明、不诚恳的男人谈恋爱多半是不快乐且容易受伤的，在这样的恋爱关系中，痛苦显而易见，但是为什么这位女士会重复这种错误呢？

心理学上对激情之爱的解释，或许能让我们豁然开朗。

任何产生强烈感情的东西，甚至是负性的东西，如嫉妒、愤怒或对被拒绝的害怕等，都可能是进一步"激情之爱"的源泉……有些人在不断遭受假定"爱人"的拒绝和伤害之后，反而对他／她产生更深的爱意。[1]

痛并快乐着，这是激情之爱的典型特征。尽管当事人深受否定和伤害之苦，却因负性情绪的强化而对这段关系中欲罢不能。这点还挺可怕的，对吗？也就是说，一个人在另一个人身上投入的情感，不管是正面的还是负面的，越强烈，越容易被吸引。他可能因为对方给自己带来快乐而深深地爱着对方，也可能因为对方给他带来伤痛而对其念念不忘。只要和能激发这种激情之爱的人在一起，他就可以体验到寻常感情中体验不到的快感。

这种激情源于负性的东西，包括对方负面的性格特质。但是这些负性的东西，具有激发内心深处某种激情的作用。它会让人在痛苦及承受负面结果的同时，体验不同寻常的激情的刺激。

这就好像我们吃辣的东西，虽然觉得很辣，甚至辣到舌头冒

---

1 罗伯特·费尔德曼.发展心理学：人的毕生发展（第6版）[M].苏彦捷，邹丹，等译.北京：世界图书出版公司北京公司，2013.

火、满头大汗，仍然停不下来，又难受又痛快。激情之爱的强迫性重复带来的体验就如同这样。一旦我们沉浸在激情之爱的强迫性重复中，就很可能会不自觉地去找寻能够带来重复性激情刺激的对象。如果不能清醒地认识到这在本质上具有沉溺的性质，我们就无法抗拒这种致命的吸引。任何爱情都有两面性，我们可以在一定程度上沉溺于这种强烈而深刻的互动（可能是负面的）带来的痛与爱，但必须清醒地认识到这是不健康的，比如它会导致低自尊。在受到致命伤害之前，我们要学会走出强迫性重复的怪圈，不致在沉溺中完全失去自我。

第二节

别让原生家庭害了你的爱情

从某种程度上讲，每个人都是家庭环境下的产物，都不可避免地带有生长环境赋予的色彩和素质。不管我们愿不愿意，我们的原生家庭都会以我们意识到或意识不到的方式影响着我们的亲密关系和婚姻状态。这种影响既可能是有益的，也可能是有害的，又或者是好坏参半的。正因为人无完人，父母都是不完美的，这就造就了我们从原生家庭承接的影响往往有好有坏。

一位女士说，她总是控制不住自己的脾气。在第一段婚姻中是这样，和前夫总是吵个不停。现在好不容易遇到一段新的缘分，还是这样，生气了就摔东西。男友曾经保证会对她和她的孩子好，但在一次次看到地上被她摔坏的物品后，难过地提出了分手。因为他没有信心和这样一个总是乱发脾气的女人建立长久的亲密关系。

这位女士也很难过，她觉得这都是自己从小缺少父母的关爱造成的。小时候，她的父母离婚了，谁都不愿意抚养她，她是跟着姥姥长大的。

乍一看，我们很难看到缺少父母的关爱和发脾气之间有什么关系。但在某种程度上，从小缺乏父母的呵护和关爱，甚至没有和父母生活在一起，有可能导致个体缺乏归属感。

当我们的归属需要长时间得不到满足时，很可能会深深地陷在非常消极的状态中。[1]

在一个经典实验中，小恒河猴被切断了和其他恒河猴的联系。陪伴它长大的只有两个类似猴子的道具。在这样的环境中成长的小恒河猴，进入青春期后常常感到恐惧，缺乏与其他同龄猴子互动的能力，甚至会攻击潜在伴侣。那么，对现实生活中的孩子来说，他们不需要被放在与世隔绝的环境中才能体验实验中小恒河猴的恐惧与绝望，只需要父母不那么能"看见"他们，缺乏爱的抚慰、互动、指引和规范，他们就会被包裹在无归属的黑暗中，没有爱的互动，自我的发展就失去了养分。

无声胜有声，相比于展露在外的影响，原生家庭环境的内隐作用往往都是在无意识中发生的。

---

1 托马斯·吉洛维奇，等. 社会心理学（第三版）[M]. 侯玉波，等译. 北京：中国轻工业出版社，2016.

"伤痛自我"的无意识延续

我们的思想、行为、态度、习惯，在很大程度上深受原生家庭的影响。因为在我们的生理自我最柔弱、最需要照顾，认知自我吸收力最强、最容易留下印记的时候，我们都在与原生家庭成员互动，包括我们的父母、兄弟姐妹。也就是在这个时期，一个孩子建立起自己的认知底色。

"我"是一个什么样的人，是否受到喜爱？

"我"应该对周围的世界和他人持怎样的态度？

"我"的自尊、安全感、信心、归属感，都在原生家庭中获得参照镜映，得到塑造。

就如同这位总是控制不住自己脾气的女士，失控的情绪反映了她缺乏原生家庭对认知的有效塑造。她把自己缺乏情绪管理能力归结为从小缺少父母的关爱。这说明她能够意识到自己在童年期缺少父母给予的爱的肯定、抚慰、支持和安全。

但直接原因是，原生家庭环境没能让她在一个富有安全感的环境中，通过亲密互动获得关于自我成长的正确指引、纪律和规范。有爱的环境，如果缺少了约束和规范，也容易养出过度以自我为中心的孩子。而无爱又无约束的环境，很难养出心理健全的孩子。案例中的女士总是情绪失控、乱发脾气，正是因为她从未在原生家庭中得到对未成型、不可控的自我的禁止。

我们在生活中都听过"野孩子"一说，如果一个人的原生家庭环境不管他、无视他，他像个"野孩子"一样没人爱、没人管教，那么他的"自我"往往也是野生的，既没有获得原生家庭的有效塑造，也因为吸收的爱不足而将被抛弃感呈现得淋漓尽致。那么，这样的个体往往会具有攻击型的行为模式，这是"野生自我"为了生存所习得的方式。

对案例中的女士来说，尽管这种挫折——攻击也许是不明显的，只是表现为乱发脾气而已；而且攻击行为不是指向人，而是打碎东西。但是这种容易失控、经常失控的行为，反映了她面对伤害时的敏感性。这种脆弱、对伤害的敏感，是其未被好好照料的"野生自我"的冰山一角。不了解的人会诧异，她为什么为了一点小事就大发雷霆。但深藏在其失控行为之下的，是从原生家庭延续来的"不被需要"的挫折感。这种未经处理的挫折不仅包含自我怀疑，还包含受挫的怒气。

原生模式的无意识延续

原生家庭影响的延续，不仅有"伤痛自我"的延续，还有原生家庭情绪、观念、行为模式、态度等的延续。

有位女孩，父母离异，她跟着母亲一起生活。从小到大，她经常听母亲说父亲不好，为了其他女人抛弃了她们母女。当她长大组建了自己的家庭后，虽然她的丈夫人很好，工作、人品俱佳，但她的母亲还是不停地将自己的经验或者不安全感灌输给女儿，告诉她，要把丈夫的工资卡攥在自己手里，因为男人有钱就变坏。

不安全感的延续

弗洛姆说："母亲对生活的热爱和对生活的恐惧都具有传染性，二者都会对孩子的全面发展产生深远的影响。"这位女孩之所以感到彷徨、不知道母亲说得对不对、不知道应不应该听母亲的话，并不一定是她缺乏主见，更可能是因为母亲从小传染给她的不安全感，影响了她的理性思考。

她无意识地在新的家庭中延续这份来自原生家庭的不安全感。因为承袭了爱的不安全感，她像母亲一样忍不住去过问并掌控丈夫的经济收入，还在日常生活琐事上计较丈夫对自己的否定和嫌弃。比如，丈夫说她穿的裙子显得皮肤黑，问她做带鱼怎么能不放醋，这些都成为她怀疑丈夫嫌弃自己的证据。

如果我们怀着强烈的不安全感步入一段关系，并通过不安全感的棱镜审视问题，那么棱镜折射出的每一道光线都将是刺眼的。任何亲密关系都有正面体验和负面体验，但带着不安全感去经营关系，我们往往只会捕捉、关注那些夸张、负面、消极的细节，而忽视正面、积极的体验。

观念的延续

在这种不安全感的背后，也许是女孩对母亲观念的认可和延续——她的父亲是不好的，是靠不住的，所以男人是靠不住的，有钱就会变坏。一旦接受了这样的观念，这位女孩就很难信任自己的丈夫，很难对感情充满信心，很容易对婚姻产生消极期待。因为按照她的观念来看，丈夫是靠不住的，婚姻是不容易长久的。

行为模式的延续

观念还会影响我们的行为。不同的观念，也催生不同的行为方式。很难想象，当一个人对某事、某人不信任的时候，还能投入多少感情和精力。带着不安全感的观念去爱，一方面会限制自我表现的欲望；另一方面会限制自我付出的深度。对对方而言，自我表现受限时，也许就意味着魅力展示受限；自我付出的保留，也意味着交流的保留。反过来，无法加深的感情，会进一步印证原本的观念：男人不可信。

有位女士说，她小时候，父母总会因为菜的口味咸了或淡了这类鸡毛蒜皮的小事争吵。后来，她认识了自己的丈夫，虽然丈夫很包容她，但她经常无意识地延续父母的行为模式。只要丈夫稍微做得不如她意，她就和他吵架。有次丈夫点了两个人的外卖，菜的口味有点重。她就质问他："你不知道我吃不了辣吗？"他说那就再点一份，但她就是不同意，还是吵个不停。

一般来讲，父母之间的相处模式会影响孩子处理亲密关系的方式。父母是孩子的榜样，父母怎么做，孩子就怎么学。父母不会正确地处理家庭矛盾，孩子也就不会。孩子在面对相同的亲密关系情境时，会无意识却又不可抗拒地采用同一反应模式。像这位女士在面对鸡毛蒜皮的小事时，就延续了其父母的行为模式。

态度的延续

从一定程度上讲，父母的亲密关系状态决定了孩子的亲密关系状态。他们对配偶的态度，会内化在孩子成年后对待配偶的态度中。

首先，父母会影响孩子对亲密爱人的要求。例如，如果一个孩子在原生家庭里没有得到足够的安全感，成年后他在寻找亲密爱人时，就会寄希望于从爱人这里得到安全感。他对爱人的要求会更高，如果对方满足不了他的要求，他就会很生气。

其次，父母对待婚姻的态度也会延伸到孩子的婚姻中，影响孩子对待婚姻的态度。比如，是追求和睦，还是吹毛求疵；是相亲相爱，还是自私自利。

关系中的阻碍：有意识地复制自己原生家庭的模式

在进入亲密关系，尤其是步入婚姻生活之后，我们与爱人开始朝夕相处。这时，我们带入关系中的不仅有被原生家庭塑造的那部分自我，还有被我们无意识带入的原生家庭的延续；我们还会有意识地把原生家庭的一套模式复制到现在的关系中——因为这是我们习惯的、坚信"对"的生存逻辑。小到衣服的折叠方式、面条应该煮几分钟、鸡蛋几分熟才是可口的，大到夫妻之间的相处方式、对待孩子的方式、为人处世该有的态度等。

所以，从和爱人朝夕相处的第一天起，我们与原生家庭模式的对抗与斗争就开始了，真的是摩擦不断啊！

原生家庭模式，有些可见，我们能明确意识到；有些不可见，我们难以发觉它们来自原生家庭；还有一些甚至被我们误以为正确，以为对我们有利，实际上对我们的新家庭关系有害。比如，一个成长于自私算计、斤斤计较、情感冷漠的原生家庭的人，当他进入亲密关系、组建了新的家庭后，他的关注点总是会放在自己是不是占了上风、占了便宜，而很难把夫妻看作一个新的组合、新的家庭、新的整体。如果哪一天他的婚姻出现问题，他很难意识到是自己的原生家庭模式损害了现在的关系，他会首先把矛头指向对方，因为他坚信原有的模式是无害的，甚至正因为他坚信原有模式是正确的，他才会刻意地将其带到现在的关系中。

若我们意识不到原生家庭存在的问题，就可能对复制一个和原生家庭相似的家庭多了些坚持，主要体现在以下 3 个方面。

第一，对原生家庭生活方式的坚持。一方面，坚持一种我们习惯的、熟悉的生活方式是愉快的；另一方面，我们认为这种生活方式比对方的生活方式更有益、更正确。这种坚持会使我们对对方不同于我们的生活方式更敏感，甚至更反感——因为我们自认为那是不正确的。

第二，对原生家庭观念的坚持。我们的一部分价值观根植于原生家庭。这意味着原生家庭的某些观念会成为我们评判对错、好坏及该如何行动的标准，也是我们以何种方式对待对方的依据。如果我们对这种观念过于坚持，就不利于在新的家庭关系中持开放的态度。

第三，对原生家庭依恋的坚持。有的人结婚很多年后，还是会觉得和自己的原生家庭更亲，并觉得和自己有血缘关系的父母、兄弟姐妹才是真正的亲人。这种对原生家庭的依恋，也许会让他更认可原生家庭的模式，更坚持复制原生家庭的模式，从而与自己现有的家庭产生距离感。

这些复制原生家庭模式的坚持，有时会以难以觉察的方式伤害我们的关系。它横亘在我们的亲密关系中，妨害了我们走向相似和一致。**我们会以为相处不易是因为彼此习惯不同、想法不同，认为双方产生的摩擦是磨合的一部分。但剖开内里，真正原因也**

许是自己对原生家庭的忠诚，以及对对方原生家庭的抗拒和打压。
我们不乐意、不情愿脱离自己和原生家庭的一致性。我们不愿意真正兼容一个新成员、一种新的生活方式或观念。这时，原生家庭无形中会成为新的亲密关系的阻碍，给原本可能容易的融合平添了难度。

成为新家庭的拥护者

无论如何，原生家庭不应该成为我们走向幸福的障碍。我们的一生，正是艰难地克服了一个又一个困难才得以前行。

1. 改变视角

改变视角就是试着淡化原生家庭的视角。如果总是习惯站在原生家庭的视角看待自己，就容易把今日遇到的一切问题都归因于原生家庭。比如，是原生家庭造成了我的今天。这容易让我们找到借口，不再为今天自己的改变做出应有的努力。我们会下意识地沉溺在自怜中。我们要将目光更多地放到如何前行上，而不是回溯和停留在过去。

2. 将关注点放在可控的因素上

一个人将目光和看待问题的视角停留在过去，意味着将关注点放在了不可更改的因素上。这或许意味着自己不用再为此努力。我们要意识到这一点，自己的精力不应过多地放在"原生家庭造成了我今天这些问题"上，而是应该考虑面对这些已经形成的问题，"我能怎么解决和改进，我能从过去的经历中吸收哪些经验"以避免在新的家庭生活中重蹈覆辙。

3. 学着原谅、理解、辨别和克服

我们要提升自己理解别人处境的能力，这样才能更好地理解、原谅、克服原生家庭在无形中带给自己的伤害和不良影响。你的母亲可能脾气暴躁，不懂教育孩子的方法。这种情绪上的暴躁和脆弱，给童年的你带来伤害。当你成年后，它会影响你在自己婚姻中的表现。如果你能理解母亲当时的处境和她性格的局限性，这种影响起码就是一个完成事件。这会让你腾出手，更好地消解而不是刻意记住原生家庭的不良影响。

4. 走出原生家庭的心理舒适区、习惯舒适区、观念舒适区

在建立新家庭前，我们几十年的光阴都是在原生家庭中度过的。我们已经形成了和原生家庭相适应的观念和生活习惯。什么是对的，什么是错的；菜应该有多咸，牙膏应该怎么挤……对此，我们已经有了一整套熟识的标准。新家庭建立伊始，我们需要刻

意保持一种自觉，要自觉地保持更客观、更开放的心态，做好对原生家庭模式说"不"、对自己熟识和接受的一切进行重塑的心理准备。这样，我们会最大限度地从原生家庭的生活经验中获益，而不是让原生家庭成为包袱。

第三节

三观不合，爱相克

有一个观点广为流传，那就是三观不合的人永远不会是一路人。尤其是在婚姻中，这一点似乎表现得尤为显著。三观不合会让人在婚姻的殿堂中寸步难行。在 1983 年版的电视剧《射雕英雄传》中，杨康和穆念慈就是三观不合的情侣代表。穆念慈希望自己爱的人是个大英雄，但杨康毫无英雄气概；穆念慈坚守为人正直忠诚的本色，但杨康偏偏坚信大丈夫要成事就该不择手段；穆念慈期望过男耕女织的朴实生活，而杨康割舍不下荣华富贵。两个人轰轰烈烈地相爱，两颗心却永远无法走到一起。

在现在的婚姻中，夫妻三观不合指的是哪三观呢？从大的框架上说，三观是指世界观、人生观、价值观。虽然在日常生活中，鲜少有夫妻会拉开架势就这种宏大的主题吵架。日常吵架内容更多涉及的是家庭支出、孩子教育、生活习惯。但我们不得不承认，很多鸡毛蒜皮的小事之所以发酵成夫妻间的切齿痛恨，其实还是和背后的三观有关。

"绝大部分争吵实际上与厕所马桶盖是敞开还是合上、轮到谁去倒垃圾的问题无关。"那么，在这些争吵之下，究竟是什么在发酵，是什么样的不满在暗潮汹涌？"长期积聚的对配偶的负面看法让鄙视一触即发……"[1]这些长期积聚的负面看法来自哪里？是来自他不倒垃圾这个单纯的行为，还是来自对这个行为的总结，如他是一个自私的人，进而触及自己的价值观——我不喜欢自私的配偶，对待家人不应该这样自私。

同样的事情，如果不触及三观，通常不会引起强烈的心理感受，得出令人印象深刻的结论。比如送花这个行为，如果女方将这个行为纳入自己的价值观，将送花和对方是不是一个浪漫的男人、是不是爱自己等同起来，那么，在情人节没有收到花，她的愤怒就可能更强烈，她也更容易对对方产生负面看法，而不仅是对这件事本身不满意。

你永远无法改变一个与你三观不合的人

有时，我们倾向于认为，三观不合只是因为家庭教育方式不同、生活际遇不同而造成的一些可更改、可变通的认知差别。正

---

1 约翰·戈特曼，娜恩·西尔弗.幸福的婚姻：男人与女人的长期相处之道［M］.刘小敏，译.杭州：浙江人民出版社，2014.

因为有这样的认知，很多人在恋爱之初才会花大量的力气试图改变对方。

有一对情侣，女孩和男孩在同一个单位上班，并且女孩是男孩的上司。女孩对男孩的不求上进很不满，她总是苦口婆心地试图说服男孩，让他知道生活是要努力的、工作时间打游戏是不对的。但男孩显然不能领会她的苦心。她劝他时，他付之一笑，显得很不以为意："成长，成长。老说这个。"事实上，他们之间横亘着一个巨大的鸿沟。这个鸿沟不是沟通的技巧，而是他们本质上的不同。女孩一心扑在事业上，非常有事业心，男孩却明显追求安逸。

有时我们可能不得不承认，三观不合的人真的很难一起生活得幸福。如果你觉得爱的力量无穷大，可以大到改变一个人的三观，那么你很可能会失望。三观不合，除了因为家庭教育方式不同、生活际遇不同，还反映了人格特质存在差异。这也是人的观念很难被改变的深层次原因——每个人的人格特质都是稳定的。

为了让自己好受，我们可能倾向于肯定自己的人格特质具备的某些优点。举例来说，一对夫妻，一个以灵活处世见长，一个性情木讷。灵活的一方，在生活的方方面面都展现这样的价值观："为人处世不能太木讷了！"一方面，这是他价值观上的认知；另一方面，他之所以具备和坚持这种价值观，和他具有灵活处世的能力这种特质，并下意识地维护和肯定这种特质是分不开的。

按照心理学的研究，"自尊在很大程度上取决于相倚性自我价值"。"相倚性自我价值是对自尊的一种解释，认为个体把自我价值建立在某些领域之上，而个体自尊与其在这些领域的成败相倚。"[1] 也就是说，很多时候，首先，我们很可能出于自尊，为了让自我感觉良好，选择自己更擅长的那些领域来建立自我价值；其次，为了突出自我价值，我们又会反过来强调自己擅长的领域，并在这个基础上形成某方面的价值观。

比如夫妻中灵活处世的一方，他总是在强调"灵活"这种特质，也就是突出和肯定自己"灵活"的优越性。如果你不知道这一点，就事论事地想要改变他建立在这个基础之上的价值观——为人处世不能太木讷了，那么你就会发现，此人是如此顽固不化，你们似乎道不同不相为谋。

问题的根源是，你对他价值观的撼动，其实是对他自尊基础的动摇。如果我们可以自主地做出决定，那么谁不想让自己具备的某些优势在自己的价值体系中占据主要位置呢？

三观不合，缺乏互补性吸引

很多人经常会困惑，伴侣是该找性格相似的呢，还是找性格

1 托马斯·吉洛维奇，等.社会心理学（第三版）[M].侯玉波，等译.北京：中国轻工业出版社，2016.

互补的呢？似乎找哪一种都有道理。而粗略地看，性格互补的人又好像比性格相似的人更有吸引力。但为什么当我们在亲密关系中发现彼此三观不合时，往往感受到的是发自内心的排斥，而不是吸引？

其中的重点也许在这里。什么是相似性？什么又是互补性？我们都喜欢阳光明媚的天气，讨厌阴沉潮湿，这算不算相似？亲密关系中的两个人，一个喜欢不停地活动，一个喜欢待在一个地方哪儿都不去，这会不会形成互补？

三观不合引发的排斥在于，我们在重要的点上是不一致的，包括信念、观点、重要的性格特质。按照心理学中的说法，当我们和那些在这些重要方面与我们相似的人交流时，不仅会让交流变得更容易，而且会因为他们的观念和我们一致，而加强我们原有的观念。受到肯定而不是质疑，这当然会让我们高兴。重点是，在这些方面，我们也许从来就没有互补的需求，而是需要互相肯定的快乐。所以一旦三观不合，我们似乎只会感到损失和厌恶。

互补往往指明了一种需求。虽然我喜欢待在一个地方哪儿都不去，但我也很需要有人带我四处走走；虽然我喜欢马不停蹄、到处玩乐，但我也需要一个人能让我有宁静的能力。通常，我们只能注意到互补状态下夫妻之间的不同。

这里我们需要明确的是，**不合代表不同，但不同不代表互补。**

互补的假设只在一个人的需求能因另一个人的不同特质而得

到满足时才有真正的意义。[1]

也就是说，**爱情上的互补性，主要是指需求互补，而不是特质互补**。两个人既不同又相互吸引的基础是，彼此都能满足因自身缺乏某种特质所产生的需求。

三观不合的人反映的是人格特质的差异，这属于信念的范畴，而非需求的范畴。

有观点指出，没有理由认为在这一范畴内的互补（确切地说是对立）能提升吸引力。譬如，《社会心理学》中有一组对比的例子：喜欢关怀他人的人和喜欢依赖他人的人可能彼此产生吸引力，但一个努力的人可能不想和一个懒惰的人搅在一起。这是因为前面两种人互相满足了对方关怀的需求和依赖的需求，而后面两种人只是不同，甚至是特质上的对立，他们没有相互的需求。这样的对立，大多数情况下会引起排斥。

需求性互补往往是这样的：存在于一对互补性的吸引中，比如性子慢的和性子急的，性格外向的和性格内向的，爱说话的和安静的。在这几组相反的特质中，无所谓哪一种更好，哪一种更坏。两个人也都在相对的意义上有各自的优点和缺点，这是造成彼此需要和互补的原因。所以，需求性互补的两个行为方不存在

---

[1] 托马斯·吉洛维奇，等.社会心理学（第三版）[M].侯玉波，等译.北京：中国轻工业出版社，2016.

价值上的好坏，人们完全可以在享受对方优点带来的益处的同时，包容其缺点带来的无奈。

但三观暗含价值取向。如果你与对方的观念不同，很可能彼此就是对立的。也就是说，一组对立的观念和态度往往包含的不是对相反观念的需要和互补，而是一种完全的否定。我经常说，三观不合就是非黑即白的二元对立，没有折中，无法共存。一个刻苦努力的人不一定完全不能接受懒惰的伴侣，但如果他的观念中包含"人就应该刻苦努力""懒惰是不思进取的表现"，那么他就不太可能接受一个懒惰并认为懒惰无伤大雅的伴侣。

很多人找我都是前来咨询离婚问题的，问我该不该离婚。他们的描述经常是"实在过不下去了""对牛弹琴"或"他不懂我，我也不懂他，我们根本无法沟通"。深入咨询后，如果我所了解到的情况是双方三观不合，那么我往往不会努力劝和。为什么？因为这样的两个人，既然走到了分手的边缘，说明两个人的观念已经暴露出水火不容的真相。你对我的观念进行否定性评判，让我心底有强烈的反抗情绪；我对你的观念长期进行否定性评判，你也早已对我忍无可忍。这样的两个人早已关上了彼此理解的大门，对他们来说，重新认识对方是怎样的人、有怎样的情感，早已不重要；只要对方不放弃对自己观念的坚持、不让步妥协，就是对自己的背叛。这样的两个人能够相处下去的唯一条件就是，一方完全放下固有的观念。

你不必让对方成为同类

当我们感到彼此三观不合而想放手的时候，一种明珠暗投的慨叹也许会油然而生：那个懂我的人在哪儿？

一方面，我们眼中的对方有着数不尽的硬伤，我们觉得自己低就了；另一方面，我们认为自己有数不完的价值，而对方"眼瞎了"，看不到我们的价值。这种情况可能有两种原因。

首先，我们会站在自己价值金字塔的顶端来审视对方。什么意思呢？每个人的价值观就像一座金字塔，我们会以自己的观点为傲，傲然自居，而与自己观念不一致的那些观念，就分散在金字塔的不同位置，当然，截然对立的观念位列金字塔的底部。在我们眼里，与自己观念完全一致的同类是"天使"，那些怀揣对立价值观的人就是"恶人"。站在这样的审判位置上，我们会在对方身上观察、评判、寻找自己期待的东西，从而忽略对方身上其他可能很珍贵、很有价值的东西。这使我们不能从更全面、更客观的角度看待对方。如果对方恰巧持有对立观念，就意味着他在我们的价值体系中处于最低的位置。

其次，我们对自己的三观有着不容置疑的忠诚和肯定。

人们倾向于认为他们大部分的信念、价值观、体验和习惯是"对"的。于是从逻辑上来说，我们也就倾向于认为跟我们相似的人拥有值得称道的品质，就像我们一样。相反，和我们持不同意见的人简直"不可理喻"。[1]

这也许是三观不合的人在亲密关系中另一难以攻克的顽固之处。我们的价值体系不仅是固定的，而且是固守的；我们坚信自己的观念是"对"的，还对对方的观念做出了相应的规定。这会让我们简化对对方的认识，并容易产生无谓的烦恼，甚至会根据自己的价值体系，对对方做出低评价——他就是一个自私的人、一个不懂感情的人，从而对对方感到绝望，做出鲁莽的决定。

一位徘徊在离婚边缘的女士说，她之所以感到烦恼，是因为她感到她和丈夫的性格非常不合。她是一个浪漫的人，喜欢生活中有仪式感，希望过节时能和丈夫互送礼物。但丈夫的想法是，这样做太累了，踏踏实实过日子就好。当她准备了烛光晚餐，让丈夫去买瓶红酒时，丈夫买回来的却是一瓶在她看来毫无浪漫气息的二锅头。在孩子的教育观念上，他们同样观念不合。她想给孩子提供良好的教育环境，丈夫却觉得吃饱穿暖、按部就班上学就好。这样三观不合、处处矛盾的生活，让她感到十分压抑。

虽然，找到一个性格相近的人相处起来会省去很多烦恼。彼此喜欢的或讨厌的都是一样的，生活中的各种琐事都能引发情绪共振，增加美好的体验。但并不是说，三观不合的夫妻就一定只

---

[1] 托马斯·吉洛维奇，等.社会心理学（第三版）[M].侯玉波，等译.北京：中国轻工业出版社，2016.

有分手一条路可走。三观不合之人相处的困难，既有观念本身的因素，也有仅仅感到"三观不合"这一点，就在沟通之先预设沟通障碍的因素。

比如上面这位犹豫要不要离婚的女士，她感到自己的婚姻生活很压抑，不仅因为丈夫不浪漫、两个人在孩子的教育观念上有分歧；更重要的是，她意识到他们的观念不同。但她没有努力以此为突破口去解决问题，而是将其作为这段感情的句点。

如果明知双方固有的观念相差较大，那么，我们应该更多地去了解对方，而不是改变对方；应该更多地接受对方，而不是否定对方；应该更多地平衡自己的观念，而不是将对方视为某种无法相处的人。这样，彼此也许会更容易沟通，更容易接受对方的观念，为久处不厌打开一扇可能的大门。

第四节

会撒娇的女人最好命

"撒娇"在百度词条中的解释是仗着受宠而故意作态。很有意思，虽然这个解释很简短，但有几重意思值得深思：一是心理底气；二是故意；三是作态。

撒娇能化解夫妻间的紧张气氛，对妻子来说，撒娇也更容易让丈夫"听话"，进而达到自己的目的，还能增进夫妻间的情趣和感情。我们经常说"会撒娇的女人最好命"，这似乎是女人天然的禀赋，可以信手拈来。很多夫妻有了矛盾，本来妻子稍微运用一下女人的天赋，撒撒娇，问题就迎刃而解了，但很多妻子非要发怒、抱怨、指责，摆出一副让男人见了只想冷漠闭嘴、退避三舍的狮吼模样。为什么女人有这么好使的方法，就是不用呢？

因为撒娇也是一种能力，并非所有女人都能运用得当。会撒娇的你可能会说，撒娇有什么难的，不就是眼神柔柔的，语气嗲嗲的吗？但就是有不少女性会觉得这样太做作、太不体面，觉得撒娇是一件矫揉造作的事，不屑于撒娇，更喜欢傲娇。

有位女士，结婚还不到 3 年，但婚后生活已经让她筋疲力尽。因为在家里，她的丈夫什么都不做，也什么都做不了。据她说，丈夫很笨，不如她利落，靠他还不如靠自己。所以事无巨细，不管买菜还是打扫卫生，她都一肩挑。有一次，她网购了一个沉重的书桌，都是自己去快递驿站搬回来的。难道她不累吗？当然累。她也想让丈夫帮她，但她不会用撒娇的方式，既达到让丈夫干活的目的，又增进彼此的感情。

她只会傲娇地说："你去给我把书桌搬回来。"面对丈夫的拒绝，她无法用撒娇的方式表达自己的真实感情和需求，她说不出这样的话："老公，我累了，我真希望你能帮帮我。书桌很重，我搬不动，还是需要你搬。"她只能用刚硬掩饰自己内心的脆弱。

其实，撒娇示弱，有时反而是内心强大的一种折射。会撒娇的人，能通过带有性别色彩的表达呈现内心充足的安全感、自我的愉悦感和对关系的信心。

强大的心理底气：示弱与寻求关注

撒娇的心理动力有两个，一个是示弱，另一个是寻求关注。这两个关键词都表现出撒娇者有一定的心理底气。

示弱，顾名思义，是表现出一种柔弱或弱势的姿态。画个重点，"表现出"就是表现出来的，表明撒娇者本人不是真的弱势；

而寻求关注，指向的是一种有目的性的主动行为。"有目的"和"主动"，都表现出自我掌控的积极状态。

1. 示弱

示弱，并不是软弱，示弱更像用温柔来修饰自己，在面对男人硬邦邦的言语时，以柔克刚，让他感受到女性的柔美。

举个例子，大部分女人想让丈夫帮自己做家务，可能会板着脸说："待会儿你帮我把地拖一下。"如果丈夫没听见，或者回一句"等会儿"，女人就会不耐烦地说："叫你干点儿活，这么磨叽。"接下来，你应该能猜到，两个人可能会拌嘴吵架，反正各自都不舒服。

在这种情况下，女人为什么不能降低音量，拖长尾音好好说话，告诉丈夫自己的真实感受："亲爱的，我觉得好累啊！肩膀疼，不舒服，可是地还没拖呢。"女人也知道，如果她用柔和的方式表达想法，把自己需要对方的状态展现给对方，对方更容易了解自己的需求，接受自己的要求，但她仍然摆出一副硬脾气，让对方也冷下脸，彼此的矛盾就激化了。

真相之一恰恰是那些内心脆弱的人才会格外使用强硬的表达方式来掩饰自己的脆弱。心理学上有一个概念，叫作**硬情绪下的脆弱**。硬情绪包括愤怒、嫉妒、指责、抱怨等。

正是因为丈夫没有看到妻子很累，没有接收到妻子小的情绪表达、肢体表达，也就不会及时发现妻子的肩膀很疼，从而主动提出帮妻子拖地；正是感受到丈夫的这些表现，妻子发觉自己受到了伤害，所以才难以启齿。妻子将自己的伤口暴露出来、明确表达自己对丈夫的需求，在此时内心脆弱的情况下，已经变成了一种屈辱，因此妻子需要用坚硬的铠甲保护自己的自尊。这可能就是这个女人要板着脸、用硬邦邦的口气说话的原因。

因为内心真的脆弱，反而出于保护自尊的目的而要"示强"。所以，示弱的人，不一定真的弱；示强的人，不一定真的强。

2. 寻求关注

通过撒娇寻求关注的核心表现是主动请求对方给予帮助。能主动寻求关注的人，内心是坚定地相信自己是被爱着的，对于得到爱有一定的信心和底气。如果知道对方不喜欢自己，或者对自己讨人喜欢的本领没有几分把握，人是没有信心去请求关注的。

撒娇中包含的寻求关注，看起来是一种被动等待对方满足自己的状态，实际上是以退为进。虽然嘴上说了软话，退了一步，实则指明了自己期望对方行动的方向。若对方的行动满足了自己的需求，她就进一步掌控了局面，这是自我伸张的行为。

像丈夫不帮忙拖地这种行为，肯定会让妻子不爽。作为妻子，很多女性朋友可能会说："每次都是我拖地，我都不舒服了，你还不干点家务，这日子没法过了！"这么说，一是吓唬丈夫，让他低头；二是表达自己的不满。但这种做法不仅不会让对方乐意接受做家务这件事，还会破坏婚姻关系。

如果这时妻子先退一步，用撒娇的姿态表达："亲爱的，我觉得身体有点不舒服，你来拖地好不好？你知道吗，我就希望看到拖地的你，那样的你很性感。"这样，对方听起来要舒服得多。

寻求关注满含主动的意味，强调了情感连接，无形中将"拖地"这件事的主动权交到了对方手里，让他感觉"拖地"成为他的意愿，而不是别人强加给他的事情。丈夫会想，"拖地"不是重点，通过拖地彰显自己的魅力和对对方的关心，才是重点。此时，求关注、求关心、寻求两人情感上的连接成了妻子表达的重点。同时，妻子不经意间送了对方一顶大高帽，给对方一种感觉——他是有力的、能给予的、被需要的，间接地暗示了他在自己心里的存在感和价值感。

表达情绪，也可以很性感

有人也许会有所顾虑：我老大不小的了，这般撒娇，自己都觉得恶心，而且不见得所有男人都吃这套。确实如此，不是所有男人都喜欢这样的撒娇方式，但几乎所有男人都有征服欲。通过撒娇，以退为进，激发男人的保护欲和征服欲，对方感觉会更好。

撒娇饱含私密、性感的情绪。它释放出很多信号，像能挤出雨滴的雨云饱含水分子，撒娇也饱含柔情蜜意的情绪分子。

一个有着丰富情绪，能对伴侣有丰富的情绪感应，能激起伴侣更丰富、更多层次情绪体验的人，在亲密关系中也是性感的。

情绪通常决定了恋爱关系中的质量和稳定性。如果一对夫妇的婚姻中不乏幽默和欢笑，以及其他积极情绪，他们离婚的可能性将更低。[1]

恶劣的情绪，恶劣的表达

有位男士吐槽自己的妻子像个中年怨妇。妻子希望他每天都换衬衫，但是有天早起一着急，他就懒得换了。妻子发现后揪着他的衣领说："你怎么这么懒呀！"还有一次，妻子让他切水果，他随便拿了一把刀，老婆看到后就骂他："你想死啊，这是切生肉的，上面有无数个细菌，吃完生病怎么办，你长没长脑子！"

应该说，任谁听到这样恶劣的表达都会心生怒气。为什么不能好好说话呢？假如是一个会撒娇的女人，在"亲爱的，记得换衣服哦""切生肉的刀最好不要切水果，不卫生"的娇嗔中，会透露出关心的情绪和娇柔的嗔怪。

而指责呵斥的背后，是不满的恶劣情绪。

这种恶劣的情绪从何而来？这不仅是因为对方没有按照自己

---

1 托马斯·吉洛维奇，等.社会心理学（第三版）[M].侯玉波，等译.北京：中国轻工业出版社，2016.

的要求每天换衬衫、用切肉的刀切了水果，更是因为妻子从中推导出的认知——他懒，他蠢，他不懂常识。

心理学中提到，"评价过程会激发情绪。"[1]简明地说，我们如何评价这件事会影响我们产生何种情绪。我们可以比较一下，一个对自己的丈夫预先进行更少负面评价、更少负面定义的妻子，在面对同样的情况时，她情绪转换的速度是不是更快。

看到丈夫穿着脏衬衫或犯了一个低级错误——用切肉的刀切了水果，她的第一反应也许是不满和生气，但她更容易平静下来，也更容易用撒娇来表达自己的需求。而态度强硬的妻子呈现的恶劣情绪针对的不仅是这件事，更是这个人，勾起的是陈年的积怨，所以，她更难调整情绪，也更难用撒娇的方式表达积极的情绪。

培养释然的心态

撒娇最性感之处在于释放了一种开放、亲密的情绪。这与指责式的邀宠方式迥然不同。撒娇传递出的是对对方的接纳，而不是否定和拒绝。它往往是心中无积怨、无负担、十分轻松的情绪状态。

事实上，要在日常生活中保持撒娇的魅力是很难的，因为日

---

1 托马斯·吉洛维奇，等.社会心理学（第三版）[M].侯玉波，等译.北京：中国轻工业出版社，2016.

常生活中有太多会让我们分心的事情、太多需要我们投注精力的领域。我们会急躁、疲惫、缺乏兴趣，会没有耐心和兴致来经营融洽的氛围。但避免以下四种否定心理，培养释然的心态，更有利于我们释放撒娇中的亲密情绪。

拔高：他都注意不到我不舒服，也不知道主动帮我拖地，他根本不爱我；如果他真的爱我，他就应该注意到这一点。

定性：他是个懒惰的人，他是个愚蠢的人，他不值得我爱，也许我嫁错了人。

积怨：他对我一点都不好，他做过很多伤害我的事。

预设：刻意为负面预设找证据。他不爱我，所以他看不到我不舒服；他又懒又蠢，所以他不换衬衫，连这么简单的生活常识都不懂。

当我们心中藏着这么多否定时，我们又怎能表达真正的亲密情绪呢？

第五节

如何摆脱控制型关系

在亲密关系中，有一种类型的男人特别让人窒息，那就是控制型男人。这种男人之所以让伴侣感觉窒息，甚至讨厌，是因为他们会有五大行为模式。

盯人。他会把自己大部分的注意力都放在伴侣身上。需要注意的是，这绝不是带着关怀的积极关注。恰恰相反，这是带着寻找伴侣问题、矫正伴侣行为的动机而表达出的假意关心。

紧密。与情侣间应有的亲密交流不同的是，这种紧密是搜寻的紧密，是钳住对方的紧密，是不给对方留空间、极度缩小对方自由的紧密。

忽视。正因为他的精力都用在寻找伴侣的问题和矫正伴侣的行为上，他往往对伴侣的感受，以及伴侣作为一个完整的人的情绪和想法，是全面忽视，甚至有意压服的。

压服。对伴侣来说，和一个控制型男人在一起，最痛苦的事也许莫过于对方持之以恒地压服自己的努力。他简直就像一个让人痛苦的模具，让伴侣必须按照这个模具的型号、大小、样式发展，这无异于削足适履。

冲突。和一个控制型男人相处，往往意味着在和一个容易起冲突的人相处。因为他没有边界意识，也不懂得尊重别人。他几乎总是在向别人的范围和领域发起侵犯。这类人的伴侣，要么迎难而上，要么痛苦地束手就擒。总之，在这样的亲密关系中，冲突往往更多，磨合也更艰难。

他为什么这么爱控制别人

在亲密关系中，一个控制型男人通常会有一定程度的疑心病。

一位女性来访者说，她的丈夫特别喜欢干涉她的生活，不允许她有正常的社交活动，还不准她化妆，连涂口红都不行。有一次她化了妆，丈夫差点把她掐死。丈夫经常怀疑她有外遇，每天下班第一件事就是查她的手机。她和朋友出去玩，丈夫总是打电话催她回家，还说她的朋友不是什么好人。有次她喝醉了就在朋友家留宿了，丈夫为此把她的头发都揪秃了一块。

这位来访者认为自己没有做错任何事情，可丈夫还是会无缘无故地怀疑她，试图控制她。这让她窒息，她讨厌他的疑心病，讨厌他的控制，因此越发不愿意亲近他。但是，这种人的特征就是，你越是不理他、越想离开他，他的疑心病就会越重。

那么，他的疑心病从何而来？

1. 有罪推定思维模式

刑侦学中有一个术语，叫有罪推定。就是假定一个人犯了错，然后警察开始收集各种材料证明他真的有罪。生活中有很多人喜欢用有罪推定来分析问题，当他们开始锁定对方、认为对方有问题时，就开始寻找各种证据来证明自己的假想。比如丈夫怀疑妻子有外遇，他就会开始寻找妻子不正常的行为举动。一些再正常不过的行为，比如化妆、社交、在朋友家留宿等，他都会认为是妻子出轨的迹象。而且，妻子越是不告诉他，他的疑心就越重。

2. 受骗导致对他人缺乏信任

有些人以前在感情中受骗，就是因为太相信别人。这种被最爱或者最信任的人欺骗产生的创伤，让他们万念俱灰，身心俱疲，因此不敢再随便相信任何人。这种心理情感创伤，导致他们产生一种自我保护机制。

3. 缺乏自信导致的疑神疑鬼

疑神疑鬼的人，看似怀疑别人对自己不忠，实际上是缺乏自信。他们信心不足，认为自己无法辨认谁对自己好、谁会欺骗自己，也认为自己没有能力获得别人的爱。这种人敏感多疑，他们觉得自己只有随时随地控制对方，对方才不会跑，才会乖乖待在自己身边，这样自己才能踏实放心。事实上，这种行为既给他人造成了困扰，又让自己痛苦万分。

总结来说，**疑心病的根源往往来自内心的脆弱、恐惧，是缺乏安全感的表现。**想治好疑心病，首先需要厘清恐惧的来源，看看内心真正的需求是什么，在成长的过程中缺失什么。当他看到自己的脆弱后，会采取行动逐步让自己的内心强大起来，这样会减少对控制的依赖。

反制：从受害者到引导者

在亲密关系中，我们经常看到一种控制者和被控制者的相处模式——往往是控制者主动发起控制（攻击），而被控制者经常只有招架的份儿，完全是一副疲于应付、被动承受、苦苦挣扎的状态。这种处境下的被控制者对控制者似乎只剩下一个要求，那就是减少或不要对自己进行控制。

被控制者遭受的最大伤害之一，就是他们的主动意志会降低，在困境中更习惯于表现为精神层面的焦虑，而不是行为上的主动改变。他们很容易陷入受害者的思维和状态中，呈现一种心灵上的僵化。比如，当控制者在控制自己的过程中，做了不尊重自己的事、过分的事，被控制者首先想到的不是自己应该做些什么来解决这个问题，而是感到无助、无奈，陷入委屈、伤心的情绪中，茫然无措。

被控制者这种无助的情绪是控制者进一步加强控制的基础。

第一，被控制者的情绪是脆弱的，是容易被影响的；第二，被控制者已经被打乱了节奏，难以冷静下来让自己的头脑发挥作用；第三，被控制者疲于应付控制者的各种要求，无形中降低了自己的要求。

有个女孩在结婚后才发现自己的丈夫是个控制型男人。有一次，她不小心弄脏了衣服，一位男同事好心借她衣服挡了一下。没想到回家后，丈夫看见她身上披着其他男人的衣服，脸色立马变了，指责她和男同事走得过近，对她一顿批评，搞得她很委屈。更过分的是，有一次她和男同事在微信上聊工作，她的丈夫直接冲过来夺走了她的手机，还直接拉黑了那位男同事。这让她特别难堪。就连周末和闺密去郊外野餐，丈夫都不许她去，只能在家陪他。

我们可以看到，她在这段婚姻中委屈、难堪，却又束手无策。丈夫对她实施各种控制，让她早已习惯于不再做徒劳的反抗。与行为控制相比，思维控制更糟糕。一个人被行为控制得久了，思维也会变得消极懈怠，认为做怎样的改变都是无用功。这时，哪怕控制者的控制行为有所松懈，被控制者也不敢做任何反抗。

改变一个有情感操控倾向的人非常困难。与这样的人相处，我们要有意识地守护自己的主动性，保持思维上的活跃性。这样的主动性和活跃性，本身就是对控制企图的有力削弱。

国际知名心理治疗大师苏珊·福沃德（Susan Forward）博士曾在著作《情感勒索》（*Emotional Blackmail*）中提到，当对方对我们实施情感操控时，我们可以使用以下最简单的 3 个步骤来守护自己的主动性。

1. 停下来

什么也别做，直接告诉对方："我需要想一想。"这么做，一是有利于平复自己的情绪，理性思考；二是避免激怒对方，使他不至于做出过激行为。

2. 冷静观察

先审视对方的内心需求是什么，比如丈夫不允许妻子借用男同事的衣服，那是因为他联想到了妻子和男同事有越轨行为，这时他的内心需求就是妻子对他绝对忠诚。知道这一点后，再审视他的要求，他不允许妻子披男同事的衣服，其实就是要求妻子在和其他异性相处时，把握好边界。

3. 制定策略

当妻子懂得丈夫的需求和要求后，就要制定有针对性的策略。比如，丈夫不允许妻子和异性接触，妻子可以对丈夫说："亲爱的，我知道你在想什么，你担心我因为其他男人背叛你。但是放心，不会的，我只爱你一个。以后我也会注意把握和异性相处的分寸。"在平时夫妻二人谈心的时候，妻子也可以经常向自己的丈夫表白，给他打一剂强心针。

要想做到这些，我们首先需要从被动的状态中挣脱，重新找到自己的信心和掌控力。

脱离控制三步法

和控制型男人生活在一起，女人会变得焦虑，失去自我，甚至情绪崩溃。下面介绍的"脱离控制三步法"可以帮女性朋友从这种痛苦的关系中解脱。

第一步：情绪体检，找回真实感受

女人长时间被控制型男人打压、否定，她们会觉得自己一文不值。这时，就需要重新感受："我真的有他说的那么糟吗？"你可以找一支笔、一张纸，或者直接用手机录音记录下当自己在关系中受伤时，发生了什么样的事情，对方是否对你做出了负面评价，以及你当时的情感体验如何。

举个例子，你可以这样记录："我只是把菜烧煳了，他就指责我对家庭不负责任。我感到很委屈，其实我只是在做菜的时候接了个朋友的紧急电话。我为了安慰她多说了几句，忘了锅里的菜。这件事不能说明我对家庭不负责。"类似这样的描述越清晰越好。写完之后，你再用一个局外人的角度来看这件事，就会发现自己并没有对方说的那么不堪。下次再遇到同样的事情，你就不会那么容易害怕或者不知所措。

第二步：表达感受，提出愿望和请求

通过第一步，你已经知道自己内心的真实感受了。接下来，你要把内心的真实感受表达出来，让对方听到你的声音。不能一味地忍气吞声，否则只会让对方的权力欲更加膨胀。

你可以采用以下句式："你这么说，让我不能接受""我不允许你……我希望你……"在这类句式里，你既表达了内心的情绪感受，又表达了自己作为一个人应该被尊重的权利，并且提出了你对改善这段关系的期待和愿望。对方接不接受是他的事情，但是你必须勇敢地表达自己的想法，这样才不会继续陷在控制与被控制的恶性循环中。如果你不能面对他说出这些话，你可以先对着镜子自己练习，直到你敢面对他时，再直接对他说。

第三步：设置底线，坚决不惯着

在第二步，你向他表达了自己的真实情绪和感受。接下来，就要看对方有没有改变的觉悟。当然，一开始，他可能不会停止对你的伤害。这时候你就要明确拒绝他的不合理要求："我不会这么做的，你的要求我无法接受。你不是我的主人，我也不是你的奴仆。"你也许会担心这样的拒绝太强硬，会适得其反。其实不然，你要知道柔情政策对控制型男人没用，正面拒绝、明确底线才是解决之道。

第六节

为什么付出越多，越不被珍惜

通常情况下，付出总是会有收益。但偏偏在情感关系中存在一种怪现象：不是付出越多，就越被感激，越能得到爱；恰恰是付出越多，有时候越不被对方珍惜，越让对方走得义无反顾。这是为什么呢？是因为对方不懂得感恩吗？

不懂得感恩是原因之一，但就"付出"本身来说，它是否像看起来那么利他、那么无私？有个男孩在对女孩提出分手后，女孩气愤地说："我为你付出了那么多，你竟然和我提分手？"可是男孩反复说："我很讨厌你将自己的想法强加在我身上。"我们从中得知，女孩确实在这段关系里付出了很多，但她把大量的精力用在迫使这个男孩改变生活方式、卫生习惯上。

这里涉及以下问题：什么是付出？不同的付出行为之间有什么动机上的不同、受益对象上的不同？而不同的付出行为又会给获得者造成怎样的感受？又会触发哪些不同的情感？

从个体的角度来看，在模糊的意识中，似乎只要满足以下两个条件就构成了付出行为：第一，这是我们投入了精力的一种行为；第二，接收精力的是他人，不是自己。

因此，对我们而言，对别人做出投入精力的行为就是付出。

有的男生会不经过女朋友的同意，擅自删除女友手机通讯录中的联系人，自作主张决定女友的工作选择、交友选择、娱乐选择、生活选择，并把这些擅自进行的干预行为称作自己的付出。因为对这些男生来说，他们确确实实付出了心力啊！一旦对方提出抗议，他们往往振振有词地辩解说："这是因为我爱你呀！我是关心你，我是为了我们好才这样做的啊！"

"以爱之名"的付出行为往往会模糊"真付出"所具备的更细致的特征，主要体现在以下几个方面。

第一，主观意图。为对方投入精力的目的是什么？真付出是因为爱而纯粹地给予，不计回报；而其他形式的付出则是为了实现自己的目的，比如为了强迫对方、塑造对方、满足自己等。

第二，对方的情感体验。对方接受这种付出时有什么感受？真付出带给对方的体验是幸福、愉快和支持，而其他形式的付出则可能让对方感到愤怒、抗拒、不尊重。

第三，服务对象。投入的精力在根本上是为谁服务的？真付出是为了对方，为了双方的关系，而其他形式的付出是为了实现和满足个人需求的。

总结来说，真正的付出是服务于对方并让对方产生愉悦体验的、纯粹的给予行为，其他以付出为表象的行为，往往是为了索取和获得。

付出可能是假象：自我付出，自我获益

说到付出，我们的第一印象往往是付出的受益对象一定不是付出者自己，而是付出行为所指向的目标人。这个链条简单地看是这样的："我"付出，对方受益。实际上，这个链条可能是：**"我"付出，对方受损，"我"获益。**

这一点有时候并不明显，并不能被清晰地看到。

比如，有位女生在和一位离异男士谈恋爱之后，对他全心全意地付出。他说"好想喝羊汤"，她就一大早跑到市场上买了新鲜的羊肉，亲自做给他吃；知道这个男人懒，她就每周末主动上他家给他做家务；从认识的第一天起，她每天给他写情书，还在他生日时，将情书装订成册送给他。但这个男人非但不感动，还把这份爱的礼物扔进角落，拆都没拆。后来这个男人对她说："分手吧，你对我的好压得我喘不过气来。"

事实上，这是一句需要认真对待的话——你对我的好压得我喘不过气来。这位男士的话表明他在关系中处于受损状态。但从两个人的互动来看，明明是女生在辛辛苦苦地付出。

那么，这是怎么发生的呢？

1. 以付出的方式索取

如果这位男士说，自己在这段关系中感觉并不舒服，也许很难博得别人的理解和同情，因为这位女生做的都是让他受益的事。她既没有限制他的自由，也没有干涉他的生活，她只是像个妈妈一样在为他付出。

但仔细想，这位男士为什么会觉得对方对自己的好压得自己喘不过气来？他哪里受损了呢？也许只有身处亲密关系中的人，才能感受到那种私密的压迫。

这位男士有苦难言的是，女生全心全意付出的方式，事实上是对他在关系中的相处方式的无形强迫。她随时关注他的需求，不遗余力地满足他的需求，其实也是在要求他能给自己相同的回应——对方也要随时关注自己的需求，并同样积极地满足自己的需求。

当我们从这个层面分析时，女生的付出就带有交换性期待了。她期待并暗示双方的相处方式要像自己所表现的那样紧密。对方感觉到这点后，自然会有压力，所以才会像受害者一样恐惧地想要逃离。

2. 忽略对方的体验

在这种强烈的付出中，女生从来没有停下来看一看自己做的是否真的是对方需要的。也没有思考对于她的付出，对方到底是享受的还是有负担的。

根据女生的行为，我们能做两个推测：第一，她在情感关系中需要特别紧密的情感交织，期待自己全心全意的付出可以满足与对方紧密交织的需求；第二，她缺乏爱的自信，因为自己无力根据对方的反应来灵活调整相处方式，所以她才会依赖于僵化的"我全心全意对你好"的留爱模式。

这就好比对方需要的是苹果，你却给对方一个香蕉，好心而盲目的付出也许没能使对方受益，付出方才是真正的受益人。她无视对方对苹果的需要，而将香蕉硬塞给对方，通过给予满足关系的紧密，以及自己在爱中的安全感。这一系列行为真实受益的是她本人——因为这是她个人意志的实现。

对接受者来说，对方付出得越多，自己真实的需求就越被忽略和掩盖。

付出不等于放纵

有位全职妈妈说，她舍不得买衣服，舍不得做美容保养，钱都尽力往丈夫和孩子身上花。她的丈夫除了上交 4000 多元的工资，将家务全部推在她身上。有次她正忙着，孩子哭了，于是喊丈夫帮着看看孩子，但过了几分钟，孩子还在哭。她跑过来一看，丈夫坐在沙发上打游戏。她顿时火冒三丈："你有时间打游戏，就不能去看看孩子？"丈夫也怒了，说："你一天就看看孩子，做做家务，这么简单的事儿，为什么非要麻烦我？"

难怪这位妈妈感到很委屈。为了家庭，她牺牲了工作，一心扑在照顾这个家上，都顾不上自己，得到的不是感恩，而是对她所有辛劳、付出的无视和抹杀。为什么她付出了那么多，对方却看不见呢？为什么她的劳动在丈夫眼里一文不值呢？

1. 选择性注意让付出失去价值

在任何关系建立之初，两个人的亲密感依赖于人生初见的新鲜和刺激。但随着交往和相处的深入，亲密感转而依赖于双方对彼此爱、敬、畏的心灵关注。

爱、敬、畏，都可以归于一种对方的存在对我们的心灵引起的刺激。这个刺激的存在，让我们有所感知，进而让我们关注给予我们刺激，或说让我们心灵活跃的人。

据心理学研究，注意是有选择性的，"比起正面信息，我们会更多地关注负面信息，因为后者对我们的生活安康影响更大。"[1]

在亲密关系中，"正面信息"可以理解为付出方长期稳定的付出。这种长期而稳定的付出，给了受惠方稳定的安全感，以致

---

1 托马斯·吉洛维奇，等.社会心理学（第三版）[M].侯玉波，等译.北京：中国轻工业出版社，2016.

对这种到手的好处，受惠方不再给予关注，甚至忘记了它的价值。而"负面信息"是脾气、情绪，比如案例中全职妈妈需要的帮助。只要"负面信息"能够激起对方的关注，不管是出于爱，还是出于敬或畏，都可以起到加固关系的作用，都能通过刺激对方关注别人付出的内容、付出的不易，重新感受付出的价值。如果这样的"负面信息"很少，比如全职妈妈为了照顾工作疲惫的丈夫而包揽所有家务，从没有怨言，也不请求帮助，丈夫在关系中少了"负面信息"的刺激，对这段关系投入的爱、敬、畏都会减弱。

2. 如果主体自我被无视，客体行为也会被忽视

这位全职妈妈尽心尽力地付出，辞了工作，没有任何抱怨；买不了衣服，没有任何抱怨；丈夫回家十指不动，四体不勤，她也体恤丈夫的辛苦，尽量自己包揽所有家务。丈夫已经习惯了她的付出，她就像他的世界中无须过多关注的"正面信息"，给了他巨大的安全感，同时也产生了审视疲劳。

丈夫连身为爱、敬、畏主体的妻子这个个体都不能投入关注，那么对妻子的行为更会视而不见。而且，在两个人相处的过程中，一方越是后退、忍让、尽力理解对方、总是做出让步、让对方越少操心，他给予对方的安全感就越强。这样，他那些被节约下来的精力，就更容易用在关注自己的感受上。两个人的空间大小，在某种程度上是恒定的。当一个人的自我在努力缩小时，另一个

人的自我就可能相应扩大。这时，一方会更忽略另一方，忽略另一方的付出。

那么，什么样的付出才是对关系有利的?

不强势：在自己的付出中不暗含对对方的控制和改造。

不索取：不以付出的形式胁迫对方回报同等的关注、同频的情绪。

不讨好：如果付出是出于健康的爱，那么无所谓付出的多与少，也无所谓其中是否有讨好的成分。在这种情况下，讨好也是因为爱，是让人舒服的。让人不舒服的是讨好不是出于真情，而是因软弱的内心和情绪而做出的行为。这样的付出越多，越容易让人对付出——其实是对其中包含的软弱和依赖企图产生无视。

不放纵：我们说溺爱孩子的父母其实溺爱的是自己。在亲密关系中也一样，有一些付出，看起来是对对方的放纵，其实是对自己的放纵，放纵自己跟着情绪走、跟着感觉走；放纵自己在关系中既不对自己加以约束，也不用心衡量关系的发展。

付出本应是一件有爱的事，付出得多更是值得对方感恩的。但前提是，这种付出既要纯粹，又能保有自我。

第 二 章

伤 痛 ： 相 处 的 挑 战

第一节

充分的沟通，是成熟爱情的根本

"沟通"这个词在现代生活中出现的频率非常高。在生活中，每当我们与他人的关系出现了问题时，总会听到别人说"好好沟通一下啊"。

但具体应该怎样沟通，相信很多人对这点依然把握不好，尤其是在婚姻中，沟通很容易演变成争吵。这让人感到沮丧，明明想好好和对方沟通，说着说着却吵了起来。还有的时候，双方都没有恶意，但不知哪句话不对，就生了嫌隙。

在热播剧《三十而已》中，很多人不看好钟晓芹和陈屿的婚姻。原因是陈屿是个大"直男"，不懂女人的情绪，不会好好说话。他和钟晓芹常常为了一点小事就吵了起来。有时，他的本意是关心和爱钟晓芹的，但说出的话总是惹钟晓芹生气。从原生家庭的角度看，陈屿的问题在于父母没有教会他怎么去爱，怎么表达关心。他的情感是封闭的，无法感受到爱，所以也无法好好表达爱。

省略，是沟通中的最大问题

1. 不解释，不说明

以陈屿为例。在公司聚会结束时，钟晓芹问他："我这儿结束了，你能过来接我吗？"陈屿简简单单就一句话："我忙呢，你自己叫车回来吧。"听到这句话，钟晓芹当然不高兴了，说："你不就忙着养你的破鱼吗？"实际上，他在忙什么？他在忙着给钟晓芹安装夜灯。但是钟晓芹不知道啊，误以为他忙着养鱼而不接自己，因此误会了他。

为什么钟晓芹会误会他？他错在哪里了？他错在"不解释，不说明"上。如果陈屿下次遇到这样的事，说："我忙着给你安装夜灯呢，这样你晚上起夜就不用担心摔倒了。"然后补充一句"要不我给你叫个车吧"，那么钟晓芹就会觉得，他不来接自己情有可原，毕竟他在为自己的事忙。

2. 隐藏的温柔

当妻子和岳母兴冲冲地说要置办一张婴儿床时，陈屿来了一句："咱家地儿就这么大，买了放哪儿啊？"看起来是十分不乐意，但镜头一转，他却在钟晓芹睡着后，按照钟晓芹选的婴儿床量尺寸；想着把鱼缸搬走，给婴儿床腾位置。可这一切，钟晓芹不知道，依旧认为这个男人对孩子的事很冷漠。

为什么钟晓芹会误会他？他错在哪里了？他错在"说最毒舌的话，做最温柔的事"上。他把自己的温柔藏了起来，在沟通中省略了这一点。正确的做法应该是"怎么想就怎么说"，要把内心隐藏的温柔表达出来："行啊，你选好商品，我量一下尺寸，咱们给孩子选好的。"这样，钟晓芹就能体会到他对孩子的爱了。

3. 结果导向

钟晓芹孕检发现胎停的时候，陈屿立马去排队挂号，急匆匆地给钟晓芹安排手术。观众们都知道，他是觉得越早手术对钟晓芹身体的伤害就越小。但是他急忙挂号的行为却被钟晓芹解读成"孩子刚没，你一点都不悲伤，劲头很足啊，你就这么不在意这个孩子"。

为什么钟晓芹会误会他？他错在哪里了？他错在一味以结果为导向，没有先安抚钟晓芹的情绪。正确的做法是，应该先安抚钟晓芹的情绪："老婆，我知道失去孩子你很难过，我也很难过。但是我们还年轻，还有机会的。"或者什么也不用说，静静地抱着钟晓芹，拍拍她的背，然后再理性地分析："现在你的身体最重要，我们先把手术做了行吗？"这样，钟晓芹就不会觉得他冷漠了。

无效沟通的原因：省略了三要素

陈屿和妻子的矛盾主要在于"有话不能好好说"。现实生活中也存在很多有类似沟通问题的夫妻，他们的通病就是不充分的沟通。

什么是不充分的沟通呢？为什么不充分的沟通非但达不到沟通的效果，反而会激发矛盾？

有位女士说，自从有了孩子，她就在家做起了全职太太。养家糊口的重任就落在了丈夫身上。但前一阵子丈夫被裁员以后，就开始窝在家里不思进取。此时家里正是花钱养孩子的时候，因此她一看到丈夫玩游戏或者看电视就来气。有时她会忍不住劈头盖脸地骂他几句："你看看你现在的样子，像个男人吗？"刚开始丈夫还安抚她的情绪，努力找工作，但一直没有找到合适的。她开始抱怨丈夫无能，慢慢地，他就变得不耐烦了。前几天，她发现老公充值 200 元玩游戏，十分生气："家里都什么情况了，还有闲钱玩游戏。"一气之下，她提了离婚。没想到丈夫立马答应了，然后迅速搬了出去。

1. 省略了心理过程的表达

有时夫妻之间之所以不能好好沟通，一张嘴就火药味十足，并不是因为双方把握不好自己的情绪，而是因为他们省略了沟通背后重要的心理过程的表达。当双方复杂而细腻的心理过程被省略后，双方都感受不到言语下暗流涌动的情绪，就会造成误解。

像陈屿，在跑去给妻子挂号之前，已经有一个心理过程。在这个心理过程中，他自己很难过，也知道妻子很伤心，但是在表达的时候，这个心理过程被省略了。这就让钟晓芹认为他一点也不在意这件事。

上面案例中这位女士也是一样，当她劈头盖脸地指责丈夫时，其实经过了一个煎熬的心理过程。她想到养育孩子需要钱，想到未来的生活没有着落。但对于未来的焦虑、看到丈夫玩游戏的无奈和心烦，她都没能充分表达，而表达出来的只有粗暴的怨气。

2. 省略了整体思想的表达

当发现丈夫给游戏充值 200 元时，这位女士生气了。这也直接导致她提出离婚，并且丈夫也同意了。

"家里都什么情况了，还有闲钱玩游戏。"这句话看起来没问题。现实生活中，很多人在气头上都会气急败坏地说出类似的话。但这样的话之所以会成为压倒夫妻感情的最后一根稻草，是因为太过简洁，省略了对真实思想的准确表达。

事实上，案例中的妻子这句话的真实含义是："老公，不是不可以玩游戏。只是现在我们正处在最困难的时候，孩子小，需要花钱的地方多。我们还是先渡过眼前的难关，玩乐的事情等情况好转了再说吧。"

3. 省略了真实情绪和感受的表达

在这个例子中，我们看到女性表现出的情绪不是愤怒就是抱怨。这些看上去带有攻击性的情绪把丈夫越推越远。而她的真实情绪与表现出来的恰恰相反，是脆弱和焦虑。她为家里的生计焦虑，丈夫一直找不到新工作，也让她内心缺乏安全感。可是，她用强势的情绪武装了自己，包裹住了自己内心真实的感受。

如果她能够把自己内心的焦虑、脆弱和不安全感都表达出来，让丈夫感受到情绪爆发的前因后果，那么丈夫既能更充分地理解她，又不至于被她的情绪伤害。这时，丈夫听到妻子抱怨自己无能，会更容易洞悉这背后体现的是妻子的脆弱，而不是单纯对自己的否定。这样的相互理解，有助于夫妻二人在沟通中达成一致。

如何进行充分的沟通

沟通，并不仅仅意味着言简意赅地把事情的要点表达出来。事实上，适当的铺垫、充分陈述主观想法和感受、完整表达事情的来龙去脉，才会让沟通更充分。

1. 把话说全，把话说圆

简短地沟通，比如陈屿和钟晓芹的对话："你来接我。""我忙，你自己回来。"听的人就会将情绪集中在一个信息点上——"你不来接我"，自然就会产生误解。

充分的沟通包括意愿的表达、行为原因的解释及具体行为的陈述。陈屿在不能接钟晓芹时，需要将自己的意愿（想来）、为什么来不了（正在为你做事）及真实的关心（你可以打车回来）全部表达出来，让对方从语言中读到这些信息：第一，他是想来的；第二，他来不了是为了我；第三，他很关心我。

这么多信息点，会有效淡化"他不来接我"这句话带来的失落感，也能让对方有更多层次的理解、感受。

2. 站在对方的角度解释自己的行为，以免产生误解

如果陈屿在给妻子挂号的时候，先把自己的想法整体表达出来："我当然难过，但现在我更关心你的身体。"那么，钟晓芹就不会认为他冷漠。

沟通中产生的很多误会，都是因为我们对同一行为有不同的解读。我们习惯于从自己的思想习惯出发去解读对方的行为，因为我们并不知道对方是怎么想的。钟晓芹从自身角度出发解释陈屿的行为，才会觉得他第一时间去挂号的行为很冷漠。

在现实生活中也一样。比如你和爱人一起乘车，对方把车窗打开了，这时你开始生闷气，觉得对方不考虑自己冷不冷就开窗。事实上，爱人是怕车内空气不好、让你觉得不舒服才开窗的。

3. 专注地倾听，让沟通更顺畅

我们应该充分表达自己的想法，释放自己的内在情绪，使身心变得相对平静。这时，我们可以更专注地倾听对方。我们不仅要充分表达自己，也要学会放低姿态，更充分地关注对方、尊重对方，真正听到对方的心声。

很多时候，谈到沟通，我们难免会下意识地将精力集中在自己想说的话上，特别希望对方能明白我们想表达的是什么。如果对方接受了我们的想法，不管他是真的理解了、接受了，还是迫于其他原因同意了，我们都会认为这是一次成功的沟通。

但在夫妻之间，充分而成功的沟通，需要夫妻双方充分表达、相互间充分"听到"。这种充分"听到"，要求我们在倾听的时候，心态上不设防御，理智上不刻意辩驳，情感上深入地共情。

我们要允许对方娓娓道来，不必急于表达自己的意见，这会让彼此在深入、全面的表达中越来越接近对方的内心。

第二节

争吵的本质是爱而不得、求爱不能

在亲密关系中，我们经常为了各种各样的事争吵。三观不同、利益不同、习惯不同，各种鸡毛蒜皮的事都可能成为争吵的主题，更别说与暧昧、忠诚有关的事情了。

生活中仿佛有一个恶性循环：我们为了相互理解而不断争吵，而争吵又是为了更好地达成共识，结果以相互理解为方向，我们却越吵越凶、越吵越烈。

争吵中最常见的行为是翻旧账。一些人之所以爱翻旧账，不是因为没有得到补偿，而是希望通过罗列旧账让对方看到自己受的委屈和伤害。在争吵中，翻旧账的人往往会获得阶段性胜利，因为旧账是用来支撑自己论点的有力论据——你是错的，我是对的。这时，对方往往被怼得哑口无言，无计可施。如果一方败下阵来，缴械投降，争吵看似以罗列方的胜利而告终，但从相互理解的角度来说，是两败俱伤。

越吵越索然无味的感情，往往在一开始时爱的含量就不足，所以，双方在乍见之欢逐渐降温之后，口角日盛。

爱的含量不足的关系，在开始时极有可能受激情的蒙蔽。激情使双方产生爱的情绪，并进入迅速而不费力的亲密状态。这时，男女双方基于对方某方面的优势被吸引，进而迅速进入爱的体验中。但这时，双方的爱很轻薄，夹杂着好感、好奇、兴趣，缺乏理性的欣赏、认同。

而我们误以为这就是爱，这与迅速而不费力的亲密有关。弗洛姆在《爱的艺术》[1]中说："这种男女之间突如其来的、奇迹般的亲密之所以容易发生，往往与性的吸引力和性结合密切相关，或者恰恰是由此引起的。但就其本质来说，这种类型的爱情不可能长久。"

这种短暂的兴奋感和吸引本质上是情绪性的，一旦亲密冷却，人就会感到空虚。当两个人都被空虚感填满时，争吵——作为对爱缺乏的一种反应就上演了。

争吵是因为感觉不到爱的存在

我们爱过对方吗？对方爱过我们吗？我们之间像是有爱情，又像没有爱情。我们很难在爱情中做出判断。如果我们仅仅是基

---

1 艾里希·弗洛姆.爱的艺术［M］.刘福堂，译.上海：上海译文出版社，2018.

于激情走到了一起，那么，在往后的日子里，可能因为空虚而不断在争吵中力求获得从未存在过的感情。

有位姑娘说，她在自己的婚宴上受到了极大的委屈。起因是丈夫家的一位长辈，明知她滴酒不沾，不会喝酒，却非要逼她喝酒。这时自己的丈夫非但没有帮她说话，反而帮着长辈劝她喝酒。这让她很不高兴。当她拒绝喝酒之后，那位长辈对她说了难听的话。更寒心的是，她的丈夫也在指责她不尊重长辈。

这是一个很典型的争吵例子。在这样的争吵中，公说公有理，婆说婆有理。女方的委屈很充分：我不能喝酒，这很难理解吗？男方想狡辩，也一样理由充足：长辈让你喝酒，你表示一下尊重，能怎么样？没有爱，双方就会各执一词，争吵不休。

双方争执的点不在谁对谁错，而在爱的含量。新娘寒心，仅仅是因为丈夫的行为欠妥吗？不是的。她的委屈其实传达出一个信息：我感觉不到你的爱。丈夫，也就是姑娘最亲密的爱人，知道她滴酒不沾，如果真的关心她、爱她，应该替她挡酒、替她喝。但他为了自己的面子，不仅劝新娘喝酒，还和自己家的亲戚一起指责她。这说明他不尊重，也不心疼自己的爱人。

爱之珍贵，具有消融争执的力量，是因为爱像触角一样，带有**延伸**的性质。**"我"会从"我"的执着中，探出触角，去延伸向对"你"的了解。**"我"不再执着于"我"，而会试着理解和维护"你"的感受与利益，哪怕这些感受与利益影响了"我"。

有位男士吐槽自己的妻子，嫌她总是疑神疑鬼，怀疑他有外遇。有次晚上 11 点多，一位女同事给他打电话讨论客户方案。挂电话之后，妻子立刻各种不信任地问他这是谁。他说是同事，但他的妻子还是不依不饶地问："什么同事，这么晚了还往家里打电话？"他忙了一天，懒得听妻子唠叨，一头扎进被子里睡觉了，他的妻子不肯罢休。他最讨厌妻子的地方就是闹起来没完没了，特别让人心累。

也许，这位女士疑神疑鬼是因为她不自信，无法在这段感情中获得踏实感。从这位男士的行为中，我们看到了简洁明确的分界线：女同事打电话，你怀疑了，你不高兴了，那是你的事；我的事就是告诉你那是我的同事，我们没有暧昧。

如果在爱情关系里，你的事是你的事，我的事是我的事，谁都不需要为对方的情绪负责，那么也许会避免很多矛盾。可是，**爱情之所以有魅力，是因为有一个人能够抚慰、倾听你的情绪。**这也就意味着"我"不能只在意"我"自己的事，还要延伸出去，关注并在意"你"的事。"你为什么不高兴""你为什么怀疑""你为什么吵闹不休"，都是"我"要交流、了解和抚慰的范畴。爱，不是只表现在一句简短的解释——"这是我的同事，我们只是在谈工作"，不是只表现在"我问心无愧"，还体现在这种延伸出去的深度了解上。

妻子吵闹不休，不一定是因为她是个爱无理取闹的人，还可能是因为在对方的"不解释、不理睬、不体恤"中，她感受到了丈夫对她这个人深入了解的拒绝、爱的拒绝。

争吵的内在语言是"请你爱我"

两个人吵闹不休，一方很容易被扣上无理取闹的帽子。

"我已经向你解释了这只是我的同事，我们打电话只是在谈工作。这还不够清楚吗？我不明白你还在吵什么。"

当一方给出这样的反应和态度时，另一方的吵闹不休就成了无理取闹，这时她会觉得非常委屈，却又无力反驳。

她难道不知道这是一个同事吗？她知道。她难道不知道你们在谈工作吗？她知道。但她以"爱"的标准来衡量这些时，就会觉得你不够爱她。如果是相爱的人，你难道不应该在和同事交流公事时、在她追问对方是谁时，将会心的笑容留给她吗？不应该在她追问"为什么这么晚了还给你打电话"的时候，更充分地安抚她的心情，而不是蒙头大睡吗？

但是，我们又无法为"爱"下一个操作性定义，比如满足哪些条件就是爱的，违背了哪些条件就是不爱的。如果一个人对"爱"没有深层次的觉知，他是无法清楚地表达自己想要什么的，只会在对方拒绝自己、未满足自己需求时感到被伤害了。我想案例中的这位女士，如果她的丈夫一个翻身从睡梦中坐起来，冷酷地问怎么才叫爱，她一定也说不清。在夫妻关系中，爱在某种程度上可以说是一件良心活。它能被感受，很难被度量。

结合这个案例，我们可以分析，妻子要的"爱"，其实就是在丈夫看似有理的言行背后拒绝给予的部分，从中可以提炼出她对"爱"的标准——关注我、了解我、向我妥协。

1. 关注的程度

当对方说"你为什么不买新式家具，古董家具有什么好看的"时，你感到愤怒的不是他有自己的品位，而是他关注的点——他关注的是东西，是家具本身，而不是关注东西背后的人，关注这个人是怎么想的，他为什么喜欢这样的家具。

再比如，对方说"我只是在和一个女同事谈工作"，他关注的点是"我在正常工作，我问心无愧"，却忽视了这个行为本身会给伴侣带来什么样的感受。

争吵的发生，有时正是源于这种不被关注的意识。当一个人意识到自己被无视了，自己的想法、感受、利益被对方以正当理由无视了，这时他会通过争吵避免被无视。

2. 了解的程度

不会了解是一回事，不愿意了解是另一回事。比起不会了解，不愿意了解更能反映爱与不爱。如果看到对方在非工作时间（比如深夜）和一个异性同事打着电话谈笑风生，还不愿向你解释，你的心情一定特别糟糕。

越被了解，得到的宽慰越大。被了解，一方面意味着对方看到了你；另一方面意味着对方敞开心扉接纳了你的感受。这时，你不再是孤独的，在脆弱和不快面前，对方并没有关上心门，将你拒之门外。他没有拒绝看到你，没有拒绝承认你感受的正当性。这份了解就是一份情意的表现和输出，就是一扇敞开的大门。

3. 妥协的程度

争吵中的妥协，是一门艺术。很多时候，双方吵闹不休是因为任何一方都没有流露出丝毫妥协的意思。艺术的妥协，不是做小伏低，而是呈现一种来自爱的心疼。

虽然我只是在和一个异性同事正常谈工作，但我心疼你的不快和不安全感，所以我愿意在态度上妥协，我愿意更注意分寸，愿意不嫌麻烦地充分解释，让你更有安全感。这就是艺术的妥协。

我们对爱的感觉，有时候就来自这种直观的感受。对方愿意做出一点妥协，就更符合自己"爱"的标准。妥协代表在对方眼里，和事情相比，你更重要。

减少争吵，让爱落地

争吵，源自对相爱太自信。如果我们从一开始就看清楚自己的爱情是一种激情、双方的亲密交流靠这种短暂而兴奋的情绪维系，认识到自己的爱情并没有坚实的内在，只是金玉其外，那么我们对对方的要求会更少一些、更实际一些。

但我们的预设版本是"我们是相爱的"，这就在无形中提高了我们对对方的要求和对感情的要求。我们要求对方有延伸的能力——我们的脸一沉，他就能延伸感觉和思考我们为什么不高兴，就能延伸理解我们的感受。我们的重点落在他能否延伸对我们的关注、是不是爱我们上，而不是就事论事地处理问题。

比如有位女士，她和丈夫白手起家。生完孩子后，她做了全职太太。因为小孩比较难带，她睡不好，有时整夜都无法入睡。而她的丈夫下班回来总是打游戏、看电影，她就忍不住发火训他："你就不能帮我看会儿孩子吗？"而丈夫会说："你一个女人，不就应该做这些事吗？我养着你，回家还不能让我当大爷吗？"可能是经常的争吵让丈夫寒了心，他想离婚。但这位女士不想离婚，她反省了自己的问题，怪自己对他要求太多了。

所有的爱情都是逐步走向成熟的过程。有些爱情很早熟，双方一开始就收获成熟的爱情，这属于灵魂伴侣才会有的状态；有些爱情在双方相处中一直成长，慢慢成熟，这种状态也很不错；而有些爱情在没有成熟前被提前品尝，还没有投入多少爱情的营养，双方就品尝了青涩的果实，导致爱情夭折。案例中的这段爱情，就是未成熟的状态，但妻子已形成高期望和高要求，渴望丈夫可以观察到自己求爱的细节，并准确给予抚慰。

爱还在成长、未成熟的时候，淡化对爱的高度意识和高度要求，更有利于我们心平气和地表达和沟通。

"他不是一下子就能看到、关注到我，不是从一开始就能自觉了解我。我要告诉他我很累、需要他的帮助，告诉他家务活同外面的工作一样繁重。"

"妥协是爱的结果，而不是爱存在的条件。"

"爱，不是相遇即巅峰的短暂情绪，是保持成长的能力。"

了解了这些，争吵就少了；争吵少了，爱也许就多了。

第三节

4 种形式让爱消失，伤害会加倍

　　势均力敌的关系固然很好，但更常见的是一方强势、一方弱势的关系。强势不仅体现在赚钱能力、社会地位方面，更体现在攻击性上。被攻击的弱势方一定也会愤怒，却不敢直接表达愤怒，予以还击。但是愤怒一旦产生，就需要一个发泄的出口，于是，他们会把很简单的事情搞砸，承诺好的事情临时爽约，犯一些莫名其妙的错误，目的就是惹怒强势方。他们潜意识想传达的信息是：我没有办法直接攻击你，但我有办法惹怒你，这和攻击你没什么两样。

　　这种通过拖延、躲避、故意激怒、暗中报复等方式向强势的一方间接表达情绪的方式就是隐形攻击。在职场中面对领导时，他们往往表面服从，但会通过拖延、敷衍、迟到、不合作等方式妨碍工作；在家庭中面对伴侣时，他们对于任何要求都答应得很爽快，却迟迟不见行动；在恋爱关系中面对恋人时，他们往往会挑剔、嘲讽、冷战，不直接表达自己的情绪……接下来的几个场景能让你更好地体会隐形攻击的发生。

场景一：你精心为伴侣准备了可口的晚餐，也期待伴侣能感受到你的用心，用一个大大的拥抱回应你。但是伴侣回家后，看了一眼餐桌上的饭，淡淡地说了一句："哦，我今天胃口不太好，本来还想吃一点清淡的。"言语中没有任何指责和抱怨，甚至很温和，让你觉得如果因此发脾气，反而是自己不懂事，所以你有苦难言，只能笑笑说："好的，下次你想吃什么，提前告诉我。"

场景二：疫情期间，你和丈夫两个人都在家办公，原本以为终于能多一些时间在二人世界中你侬我侬，没想到无比崩溃。你负责做饭，饭后喊丈夫洗碗。丈夫瘫坐在沙发上玩手机，仿佛没有听见，一动不动。你很生气，抬高音量冲他喊，他才不情不愿地起身去厨房。有时你为了避免生气，宁愿自己大包大揽。你也试图沟通，但换来的往往是对方的一句"哦"。所有的沉默和敷衍，都让你觉得就像一拳打在棉花上，虽然不疼，但也没有回应。

场景三：有这样一则新闻，标题是这样的"女孩情绪崩溃，当街用手击打母亲的头盔"。看到这样的新闻，我们的第一反应可能是现在的青少年太不懂事了，怎么可以和母亲动手。详细了解后发现，女孩的手机坏了，她一直在努力攒钱换一部新手机，妈妈也答应会补贴一部分钱。两人一同来到手机店选购手机，到付钱的时候妈妈却反悔了，于是女孩和妈妈起了冲突。争吵声引来很多人围观，这时女孩羞愤难忍，拉着妈妈离开，但妈妈一直停留，女孩情急之下动手打了妈妈的头盔。一时间，各路网友纷纷发表意见，其中有一条评论一针见血：你们都说女儿不该打妈妈，但这位妈妈的沉默也成功地让周围的人都围攻女儿。

中国有句古话叫"蔫人出豹子"。意思是说，看似没有杀伤力的人，往往有着惊人的攻击力。如果你的身边也有很多所谓的"老好人""老实人"，他们也许没有做什么激烈的事情，却总能引起你莫名的愤怒，让你觉得都是自己的错，你就要警惕这种隐形攻击的手段。就像电视剧《三十而已》中的一句台词："一肚子的委屈就是说不出来，说出来的每一件都是微不足道的小事。"

心理学家托马斯·摩尔（Thomas Moore）说过："最好只和会表达愤怒的人做朋友。因为看似不会表达愤怒的人，其实也在用他的方式来回击你，而最常见的就是隐形攻击。"在人际关系中，难免会出现矛盾、爆发冲突，造成我们情绪的起起伏伏。当分歧出现时，很多人打着"我都是为你好"的旗号，试图操纵、控制、贬低、指责对方："谁能受得了你。""你能改变才怪呢。""不会吧，你这就生气啦？""早就告诉你要听我的吧。"这种言语暴力就像钝刀子割肉，温水煮青蛙，还不如一场大吵大闹来得痛快。

接下来，我们分析一下隐形攻击常见的4种形式。

自相矛盾

　　隐形攻击者在面对冲突时，即使内心已经相当不满，但也不会通过言语表现出来。其实沟通方式中，除了言语信息，更能真实反映一个人态度的是肢体语言和语调。就像场景一中的那样，伴侣虽然嘴上没有说不喜欢，但是淡淡的语调已经传递出自己的不满意。很多男生都不喜欢陪女朋友逛街，每当女朋友试衣服、鞋子询问男生意见时，男生最常说的就是："你看着定吧。"这种话看似挑不出毛病，但他真正想传达的意思是：我并不喜欢陪你逛街，所以对现在的事情提不起兴致。这种就是表面尊重、实际抗拒的自相矛盾。

　　自相矛盾，这种隐形攻击形式的心理动力是防御。表面上，个体通过看似合理的借口回绝对方的请求，让对方难以提出抗议。比如丈夫以加班为由拒绝带孩子，妻子以身体不适为由拒绝丈夫的亲密行为等。事实上，这些理由是避免承担责任的挡箭牌。个体通过这种方式拒绝对方的要求，也就避免了后续需要承担的责任。有的丈夫以加班为由拒绝带孩子，而孩子生病后，丈夫却理所当然地将责任归咎为妻子的失职。因此，在亲密关系中，表里不一的言行是一种非常隐秘的攻击形式。

批评

"忠言逆耳利于行"，但使人进步的是建设性的批评，而非恶意的批评。你买了一条漂亮的裙子，兴高采烈地穿在身上，等着丈夫下班后给他一点惊喜。结果他抬头看了一眼，略带嫌弃地说了一句："你真的该减肥了。"这种下定义式的评价非但不会让你认清自己的身材，只会让你瞬间陷入失望的负面情绪中。这种刻薄的言辞很伤害人的自尊，如果你因此而生气，对方往往会迅速变脸："我只是开玩笑的，你不会生气了吧。"总之，你永远是有理说不清的那一个人。

忽视

我们都有被看见的需要，这会让我们感觉到自己很有价值感、很重要。如果对于你的需求，对方总是视而不见；对于你吩咐的家务，对方总是选择各种借口逃避；对于你想要沟通的诉求，对方总是懒得回应；这些都是隐形攻击者在用忽视的方式实施情感暴力。就像场景二中的那样，这位丈夫看似唯唯诺诺，脾气特别好，但他成功地用忽视这一手段引发了妻子的愤怒。我们往往很喜欢那些脾气温和的人，但这类人或许只是不会歇斯底里地发泄情绪，却更擅长冷战。冷战带来的伤害甚至比吵架还要大。

拖延

拖延也是隐形攻击中常见的手段之一。明明答应好的事，就是要延期几天才去做；嘴上说着马上就来，但总要反复催促几次才能出现。他们从来不会明确拒绝你的要求或安排，但总是用各种方式来诉说自己的不满：迟到、延期、犯错等。更复杂一点的情况是，他们虽然也能按时完成，但是质量总是不让人满意。如果你提出批评，他们还会说是你要求严格，不懂变通。

人际关系中最大的不幸就是因为太爱，所以不会表达恨。也许隐形攻击者的内在有无数的对话：你性格强势，让我有种不被尊重的感觉；你从来没有带我见过重要的朋友，我在你的面前没有安全感；你刚在朋友圈给别人点赞，却迟迟不回复我的消息……但是他们为了避免冲突，为了维系表面的和平而选择不说，选择隐藏。但是掩饰的愤怒就像爆发前的火山一样，看似一切都很平静，实则危机重重。

第四节

愤怒的爱人，一定有愤怒的"内婴"

隐形攻击常见于各种关系中，比如亲子关系、恋爱关系、婚姻关系和职场关系。而最基础、最根源的隐形攻击存在于亲子关系中，也就是说，被隐形攻击长大的孩子一定有一个愤怒的童年，他们往往有着很强势、严格要求的父母。他们不被允许表达真实的情绪，只能被迫用更曲折的、委婉的方式表达不满。一旦习惯后，他们会不自觉地认同父母的教养模式，成年后也会无意识地将这种模式复制在自己的各种关系中，特别是亲密关系。

这些愤怒的孩子在遭遇伤害性事件，如被打骂、被嘲讽、被羞辱、被无视时，既没有能力反抗，又没有能力用言语来表达自己的真实感受，只能通过压抑自己的情绪以求家庭氛围的暂时和谐。比如，孩子上学前穿衣服磨磨蹭蹭，但父母又没有耐心陪伴孩子，就会指责孩子："你怎么那么慢，笨死了，什么事都做不好。"孩子不敢顶撞妈妈，但心里又很委屈，所以只能通过越吃越慢表达自己的不满。

就像弗洛伊德说的："被压抑的情感不会就此死去，它们只是被掩埋了，但总有一天会以更丑陋的样子再次出现。"也就是说，这些童年未被表达的情绪并没有消失，而是伺机而动，在成年后遭遇类似的冲突时，即使他们并不一定在关系中处于弱势，但是他们依然习惯不反抗、不表达，而是选择隐形的、不易被觉察的、看似杀伤力不大的方式发动攻击。

我就是隐形攻击者，我该怎么办

客观地讲，隐形攻击者并非故意要用这种方式攻击身边人，只是他们在面对冲突、界限不清的时候，即使内心有一百个不情愿、不愿意、不高兴，表面上也不会表现出来，不会言语拒绝，更不会直接攻击。他们只能用迂回的、别人不易察觉的方式来平衡内在的冲突。事实上，这样的方式既为难了自己，又伤害了别人。每个人都可以问问自己：是否曾经通过语言、态度、姿势等伤害过别人，还装作若无其事甚至和颜悦色？

技巧 1：识别自己的情绪

当你在面对冲突时，当你被忽视时，当你有情绪不知道如何解决时，你常常会本能地复制童年的行为模式：忽视自己的感受，隐藏内在的愤怒，不去探索情绪背后的需求。但你又真切地陷入了一种"闷闷不乐"的状态，于是只能用童年最熟悉的应对方式——隐形攻击来解决冲突。所以改变的第一步就是学会识别自己的情绪：我有什么情绪？是什么引发了我的情绪？我更需要的是什么？

技巧2：表达真实的情绪

其实，隐形攻击就是自我伤害，你在伤害对方的同时也在伤害自己。你要知道，你不再是依赖父母才能长大的孩子，你已经独立成年，拥有表达情绪的权利。你可以试着先从能接纳你的情绪、让你有足够安全感的人开始做起，勇敢地说"不"，勇敢地表达不满。当你有真实的体验，发现即使表达自己的想法，关系依然稳定，你才会更有动力继续尝试。接下来，再将这种模式延伸至生活中的其他关系，你会发现，你们之间的关系反而会更和谐。

技巧3：诉说内在的需求

任何人在表达需求的时候，都渴望得到回应。但是如果你的家庭没有这样的沟通氛围，他们常常会忽视甚至压制你的需求，那么你就会习惯于压抑自己，这样在面对冲突时就不擅长直接表达自己的感受，而是采用不回应、冷漠、逃避等方式期待问题自然而然地解决。如果你的伴侣能及时觉察并接纳你的情绪，那么可能关系中的冲突能得到有效缓解。但如果对方也有相同的诉求，两个人就容易陷入冷战的局面。这时，你可以试着迈出积极主动的一步，主动示弱，告诉对方自己的需求，并且需要对方的帮助。如果你能成功地让对方感受到自己正在被需要，这场冲突一定能很快得到化解。

被隐形攻击了，我该怎么办

由于隐形攻击者常常用间接的方式表达自己，所以有时候我们都意识不到自己正在遭受攻击。有心理学者提出：是否总有人让你的情绪起起伏伏？是否有人昨天对你热情似火，今天又冷若冰霜？当你想要沟通时，对方总是顾左右而言他？如果对于以上3个问题有一个是肯定的答案，也就是说，你经常感到莫名的愤怒，或者在需要对方支持的时候却总有一种无能为力感，那么你就要警惕是否被攻击了，对方可能就是一位隐形攻击的高手。在和他相处的时候，你应该怎么办呢？

技巧 1：直接表达自己的感受

面对隐形攻击，你越是隐忍，越会遭受更大的伤害。因为你对所有事情表现出来的容忍，教会了对方如何对待你。你的一再退缩只会助长对方的气焰，激发他的反扑，让他更加确信隐形攻击这一手段是可用的。因此，你要学会直接表达自己的感受，让他明确地意识到自己的行为给你带来的困扰。你可以试着这样说："你的这种行为让我有不舒服的感觉。"说的时候，你要注意措辞，不要让对方觉得你是在批评他、指责他，而是传达出"我们双方都有问题"的诚意。当然，沟通是双向的，你也要试着鼓励对方说出他的愤怒和不满。这种方式能有效地缓解双方的情绪。

技巧 2：设定明确的关系界限

在一段亲密关系中，互相尊重对方的界限是平等交流的基础。当你决定和一个人在一起时，你要明确自己需要的是什么，需要对方遵守的界限有哪些，以及对方越界的后果是什么。也就是说，你要传达出这样的信息：我最多可以容忍你到什么程度？如果你再次发动隐形攻击，我会采取怎样的行动？接下来相处的日子，你要坚定不移地坚守自己的底线，对方一旦越界，没有任何商量的余地。

技巧 3：识别隐形攻击的信号

你可以通过细微的观察，识别对方即将发起隐形攻击会使用的肢体语言和表情动作，以便提前做好应对。这些信号或许是：手臂交叉、眉头紧锁、嘴角一撇、埋头不语等。擅长隐形攻击的人往往会掩饰自己的情绪，紧绷身体，暗自生气，并在心里暗暗发起一场攻击。如果你能在对方出动之前尝试转移话题，或者用温和的语言进行沟通，往往就能稳住对方的情绪，避免一场恶战。

技巧 4：结束关系

一段健康的亲密关系一定是让双方都愉悦的、互相滋养和成长的，而不是互相消耗和牺牲的。如果对方口口声声说爱你，但你丝毫感觉不到，甚至有一种被掏空的感觉，那么，也许你与对方的关系就是一个错误，勇敢地和这段关系说再见，才是对自己最大的保护。

其实，所有的婚姻关系和亲密感情都需要用心维护，否则再好的感情也会受伤。冷漠或逃避都不能帮助我们有效地解决问题，只会将问题暂时搁置，双方压抑的情绪反而会愈演愈烈，最终导致无法挽回的局面。任何一段好的关系都离不开两个人互相包容和陪伴，尝试换位思考，理解和接纳对方的行为，直接表达自己的真实感受和情绪，相信对方一定也愿意做出积极的调整。

第五节

家暴与斯德哥尔摩效应

有人在谈到自己一个长期遭受家暴的熟人时，这样说："你们简直想象不到，这个男的三天两头暴打这个女的。一般人谁受得了，早离婚了。但这个女的就不一样，也不知道她是怎么想的，好像离不开这个男的似的。真让人想不通。"

一般人听到家暴，确实想不通："打一次就凉了心，还要打很多次，三天两头地打，竟然都不离婚。"但我们想不到的是，对于一个长期遭受家暴的人来说，她的心理也许早就遭到了严重的破坏，不能和一般人同日而语，更不能和一般人一样做出我们认为正常的反应。

有一个故事特别耐人寻味。故事讲了一个很富有的少女，刚开始对富有的男邻居不屑一顾，和一个英俊的穷小子私奔，偷偷结了婚。后来她的丈夫在一次事故中毁容了。当她看到丈夫那张毁损的脸的时候，她出于惊吓逃走了，两个人从此分手。在男邻居的追求下，她改嫁了。

然而，第二任丈夫发现她人在心不在，对她很不满。后来还发现，每当半夜，妻子都溜出卧室，抱着她珍藏的第一任丈夫英俊的雕像亲吻哭诉。他什么都没说，但暗地里找人照着妻子前夫毁损之后的容貌，一模一样地毁损了这个雕像，而且把这个雕像搬到卧室，放在一个衣柜里。每天晚上，他点上蜡烛，迫使他的妻子观看雕像。直到他的妻子彻底吓破了胆，发誓爱他为止。故事的结局还不止如此。妻子受到极度惊吓的折磨，在余生中，她对他驯顺依恋到了某种病态的程度。她一想起自己爱过的第一任丈夫就感到反感，生活中只剩下对第二任丈夫的谄媚讨好。

恐吓为什么能引起这样一种"爱恋"？心理学家对此做过研究，并提出一个概念——**斯德哥尔摩综合征，又称"人质综合征"。简言之，就是人在经历了长时间的极度恐惧之后，非但不会憎恨施暴者，反而有可能对他产生"好感"和"依恋"。**这也可以说是一种个人意志的彻底丧失，是一种心灵上的昏厥。

无论男女，当人们被劫持扣为人质时，经过一段时间之后，人质们通常会听命于这些劫持者，为其做事，而且即使当机会来临，他们也并不试图逃走。[1]

---

[1] 艾伦 B 知念.拯救王子的公主：唤醒世界的女性童话故事［M］.舒伟，丁素萍，译.桂林：广西师范大学出版社，2017.

那么，这种情况是怎么发生的呢？心理学家总结了其中的4个特点：一是长时间处于恐惧状态；二是与外界隔绝；三是施暴者给予受害者小恩小惠；四是受害者感到无望。我觉得从以下方面来分析，更容易理解。

个人意志被恐惧粉碎

据说，恐惧是动物最古老的情绪之一。诚如所说，恐惧情绪虽然有一定的好处，能起到警示危险的作用，但我们想象一下恐惧时的感觉，几乎都带有凝滞的状态，好像在感到恐惧的瞬间，我们的自我就自动缩小了。

如果一个人长期处于这种恐惧的状态，事实上，就是处在对自我已经失去或自感失去保护能力的状态。他的安全几乎全都仰赖外在的某种支配力，他很可能放弃对自我的运转和控制，转而将精力服务于能支配他、对他的安全享有绝对控制权的力量。

我们看到那些让人不解的家暴例子，看到被家暴的人不知反抗，也许会哀其不幸，怒其不争。但是我们并不知道他走过了怎样的心理历程。在对方施加暴力时，当对方第一个巴掌打过来的时候，一个人最初的反应一定是最正常的反应，既有恐惧，也有愤怒、伤心、自尊受伤、委屈、不平、寻求补偿的复仇心。

但让人大感不解的是，一个长期遭受家暴的人，几乎不想离开施暴者，而且，在面对损失和伤害的同时，他逐渐失去了一个人最正常的反应。面对不公，他不再愤怒、反抗、求救。这是个人意志逐渐丧失的表现。因为个人意志已经被碾碎，所以才会呈现让外人奇怪的一幕：受害人被家暴之后，经不住施暴者的道歉挽留、甜言蜜语。对方做出了这么严重的行为，受害者依然一再轻易地原谅他。

事实上，我们可以看到，作为维护自我的那些力量——尊严、愤慨、情感、反抗的能力，都在长时间的恐惧中被碾碎。我们能认真思考对方家暴行为的性质，不轻易对对方的施暴行为让步，前提是我们还拥有自我的力量。所以，我们会对对方失望，会为自己感到伤心，会因为感到尊严受损而拒绝对方重温旧好的企图。

但当我们失去了这一切，失去了自我意志，只剩下恐惧时，那么，只要恐惧感能减少一点，我们就很满足了。

个人需求被恐惧改变

心理学家在对斯德哥尔摩综合征的研究中发现，受害者哪怕得到施暴者的一点点好处，都会感激涕零，比如给他水喝，允许他给家人打电话。那么，为什么这样一点小恩小惠，都能带给受害者强烈的心理感受呢？

其实，这与心理学上一种被称为"门前技巧"或"互惠让步技巧"的心理反应机制很像。社会心理学家罗伯特·西奥迪尼（Robert Cialdini）对于互惠性让步技术的研究做出了巨大贡献。

其核心内容如下："这种主意就是让人把你降低请求标准的行为看作一种让步，而为了遵守互惠原则，被请求者也必须做出相应的让步。"[1] 简单来讲，就是先提出一个很大的要求，在对方拒绝后，再提出一个较小的要求。它利用的就是人们对让步的错觉和前后要求之间对比的差势，并以此操纵对方的需求，进而降低对方的需求，改变对方的拒绝标准。对方原本想要拒绝请求，而这个技巧能够巧妙地改变对方的心理要求，使其从完全拒绝要求转变为通过接受一个小要求来拒绝大要求。

受害者之所以对施暴者的小恩小惠感激涕零，反应机制与上述表现类似。受害者本应该对施暴者的施暴、限制自由等行为感到愤怒，即便对方允许自己喝水、打电话、小范围出行等，这也不值得感激，因为这本就是自己应有的人身权利。可是对于受害者而言，施暴者的伤害与其给予的小恩小惠产生鲜明的对比，这时，哪怕芝麻大的小恩惠也弥足珍贵，会让受害者感激万分。

施暴者通过施暴，已经成功地降低了受害者的心理需求。这种需求包括两个方面：一个是受害者自身的需求；另一个是对施暴者的要求。从自身需求来看，长期被施暴的受害者最后可能只剩下一个需求——安全需求，只要自己不挨打，就很开心了；从

---

1 托马斯·吉洛维奇，等.社会心理学（第三版）[M].侯玉波，等译.北京：中国轻工业出版社，2016.

1
第二章　伤痛：相处的挑战　　093

对施暴者的要求看，只要对方不打自己，就已经感激涕零了。

马斯洛的需求层次理论已经明确地告诉我们，人的需求分为不同层次，在低层次的需求被满足之后，才会产生更高层次的需求。对受害者来说，施暴者的长期施暴早已扼杀了受害者对高层次需求（如爱的需要、归属的需要等）的期待，受害者不再期盼能从施暴者那里获得尊严、爱、关怀。一旦一个人的这些需求被磨灭，他就会成为一个容易被控制的角色，因为只要施暴者满足他最低层次的需求就可以了。这时，对受害者来说，不加害就是一种恩赐，施暴者偶尔的和颜悦色就能给受害者饱受摧残的心灵带来极大的满足。施暴者对受害者实施控制的成本非常小，因为只需要偶尔满足对方的安全需求，对方就可以言听计从。偶尔的小恩小惠让受害者更愿意臣服于施暴者。这也是很多受害者难以离开施暴者的一个重要原因。

施与虐的病态相互吸引

很多人在婚后都为激情不再而苦恼，随着彼此的缺点展露得更加彻底，双方的关系会日渐生疏、冷淡。但是施暴者和受害者的关系，却有着拆分不开的反常亲密。

有一位女士说，她的婚后生活令她心力交瘁。新婚时，夫妻间的沟通还是正常的。但结婚一段时间之后，丈夫忽冷忽热，变得让人摸不着头脑。在她需要安慰的时候，他冷漠地说他没有时间；当她开始心灰意冷的时候，他又出乎意料，在她生日时给她准备大蛋糕；当她再次燃起热情拥抱他时，他却又推开她，冷冰冰地说"我不习惯"；在她的心情又一次降到冰点，伤心落泪时，他又破天荒地给她准备了早餐，笑脸相迎。

跌宕起伏的心理刺激，永远比一成不变的心理刺激带给人的情感体验更强烈。

在上述案例中，丈夫通过褫夺掌控感（不管有意还是无意）给妻子造成了焦虑和压力。对妻子来说，丈夫会如何对待自己，成了一件不可预测的事件，他对自己的态度是好是坏，是冷是热，都由他而不是自己决定。这样，妻子就会在关系中体验到无助感，而无助感反过来造成一种"心理黏性"，她对那个能决定她心情的人更关注了。

马丁·塞利格曼（Martin Seligman）在《习得性无助》（*Helplessness：On Development, Depression and Death*）[1]中提到无助实验诱发的 3 种缺陷，包括削弱反应的动机、妨碍对反应有效的认知、造成以抑郁和焦虑为主的情绪障碍。简单来说，当我们陷入无助感、觉得怎么做都没用时，我们就会不知不觉丢掉主动性。我们主动走出困境的动机被削弱了，我们的认知力模糊了，

---

1 马丁·塞利格曼.习得性无助：论抑郁、发展与死亡［M］.李倩，译.北京：中国人民大学出版社，2020.

无法判断自己行为的有效性。更糟糕的是，伴随无助感滋生的情绪障碍，无形中改变了我们的关注点。比如，我们会更关注让我们焦虑的那个"人"或相关的事物。而不是将精力投放在"我"能做什么和能掌控什么上。

上述案例中丈夫的一举一动都被放大了，成了这位女士用心琢磨感受的对象。恰恰和其他人的婚姻不同的是，对方的缺点、对待自己的恶劣行为，不仅没有让她产生厌恶，反而成了一种吸引力，吸引她更在意对方。这种吸引当然不是健康的爱的吸引，而像一个疼痛的伤口，总是不由自主地占据她的注意力。

在家暴的关系中，我们会看到施暴者和受害者之间仿佛处在一种病态的磁石般吸在一起的状态，而且具有排他性，就像他的生活中只有她，而她的生活中也只有他。他们都没有多余的精力关心生活中其他方面的内容。这种对对方过分的占据，让人想到的不是爱，而是共生。

因为他们要从对方身上汲取必需的养料，以此维系自己并不健康的需求。这种爱是多么不健康啊！**健康的爱，恰是在自身极度自足的情况下，对他人一种健康有益的分享和给予。**它会让爱者因为爱的分享而越发富足，让被爱者因为被爱而欢欣鼓舞。爱促使双方走向更开阔的天地，而不是退缩到以对方为食、只能互相占有的地步。

对施暴者来说，他对被施暴者实施暴力，是对其自我价值感受挫的补偿，施暴成为他宣泄扭曲欲望的一种途径；而对被施暴者来说，把注意力全部放在施暴者身上，自己才能及时地避害，获得安全。两个人紧密地捆绑在一起，成为彼此的需求来源，如此下去，他们之间产生了更强的黏合力。

这也是为什么我们在斯德哥尔摩综合征中看到的，受害者会对施暴者产生奇怪的依恋。事实上，这并不是真正意义上的依恋，而是变形的恐惧。

第六节

孤独的亲密关系：越亲密，越孤独

当我们走入亲密关系后，以为从此摆脱了孤独，但有时我们会惊讶地发现，在亲密关系中同样存在孤独，甚至更糟，这种孤独是"双份"的。

曾经明明是无话不说的恩爱伴侣，经过几年婚姻的洗礼，很多夫妻成为彼此"最熟悉的陌生人"。虽然生活在一个屋檐下，同桌吃饭，同榻而眠，却相对无言。**心理学中，把夫妻长期无话可说的状态称为"婚姻失语症"。**意思是，在婚姻中，一方不停地找话题，另一方没有回应；或者双方都不再主动聊天，各干各的事。这种亲密关系下的孤独远比一个人生活的孤独更令人痛苦。

为什么夫妻婚后会失语呢？其原因往往有以下 3 种：一是夫妻间有矛盾，失语是冷战的表现；二是双方忙于生计，失去了聊天谈心的精力和兴趣；三是彼此没了新鲜感，变得无话可聊。无论是哪种原因，失语对夫妻双方的身心健康、感情都不利。

婚姻失语症：最熟悉的陌生人

有位女士说："我的老公是一个不爱说话的'宅男'。每天下班回到家，他就躺在自己的小沙发上刷抖音、打游戏。他既不和我说话，也很少主动对我做出亲昵的行为。但是他会把工资卡交给我，我身体不舒服了，他也会立马去给我买药、照顾我。可家里安静得可怕，有时我真觉得还不如大吵一架。我一个人做饭，一个人收拾屋子，一个人追剧。我俩就像路人，完全没有沟通。他不爱说话，都是我主动找他说，主动靠近他，他却很少回应。这样的生活让我压抑，甚至崩溃。"

我们很容易理解这位女士的心情。她的老公上交工资，在她身体抱恙时也跑前跑后地照顾，这说明还是关心她的。但是有关爱没有交流的关系像一具空壳。她要一个人做饭，一个人收拾屋子，一个人追剧，这种婚姻生活中过于平静的孤独让人感到窒息。很多女性会用争吵来抵御孤独的恐惧，通过争吵唤起对方与自己的交流。对孤独的心灵来说，伤害性沟通好过零沟通。没有沟通，心灵是死寂的；伤害性沟通，如激烈的争吵，虽然不健康，但至少可以证明心灵是活着的。

有些婚姻失语症，不是婚姻状态带来的失语，而是结合的两个个体本有的症状，只不过它被带进了婚姻生活里。

1. 交差心理

有些人对婚姻并没有渴望，只是因为年纪不小了，或者家人催婚，或者相亲倦了，匆匆忙忙结婚交差。他们本身就与结婚对象没有太多的共同语言，只是把婚姻作为让自己更舒服地生活的一个工具，一个武装。对于这种人，婚姻并不意味着亲密，只是他用来屏蔽世俗和外在声音的保护壳。

2. 模仿原生家庭

这个世界上没有完美的原生家庭。很多人父母的婚姻并不幸福。爸爸是甩手掌柜，妈妈操持家里所有的事；家里爸爸和妈妈的交流几乎为零。男孩儿从小到大看到的爸爸，就是一个冷漠不爱说话的人。在这样的家庭中长大的他，心里默认这种状态是婚姻的常态，所以结婚后他也延续了这种模式。

3. 情感淡漠症

这是一种情感障碍。这类患者经常性情绪冷淡，对人冷漠。他们不会对他人表达温情，也不会表达愤怒。这种人极少有愉悦感，对别人对他的看法漠不关心。他们对外界刺激缺乏相应的情感反应，即使是与本人切身利益密切相关的事情，他们也表现得很淡漠。

孤独，从无话不谈到无话可谈

夫妻双方从热恋时的无话不谈到婚后的无话可谈，是一种常见的现象。心理大师艾里希·弗洛姆（Erich Fromm）在《爱的艺术》（*The Art of Loving*）中提到，男女之间很容易发生这种突如其来、奇迹般的亲密，但这种亲密就其本质来说又不可能持久。如果仔细剖析，就会发现这种亲密的交流有以下两个特点。

1. 交流的内容仰赖新鲜感

在谈恋爱时，情侣之间无话不谈，仿佛有说不完的话。但这并不是因为遇到了知音，更贴近事实的是因为彼此有新鲜感。在这里，有必要讨论一下什么是新鲜感。

新鲜感包括初相识时，自身的一切和对方的一切。这一切都是现成的，无须努力就能从中获取愉悦。这种对对方感到的新鲜，和通过对方重新对自我感到的新鲜，具有让我们把生活中其他事物化腐朽为神奇的功效。

这种新鲜感照射在生活中，并不是我们自己有什么新的变化，也不是我们的生活在努力和机遇下发生了翻天覆地的变化，而是依靠初识的新鲜，我们不费力地得到了解脱。这也许是谈恋爱的吸引力之一。

但是我们并不知道这样的交流仰赖新鲜感，是新鲜感刺激着我们，让我们兴奋多话，让我们有兴趣一五一十地和对方分享生活中的各种小事。如果我们以为这就是爱，是应该忠诚不变的爱，那么我们在以后的相处中难免会失望。

当新鲜感慢慢褪色，让位给熟悉、倦怠，我们就像从魔法中醒来，发现一切如旧。生活没有变化，对方也并不神秘。在新鲜感驱使下分享的自我、生活，曾经那么有趣，但当我们在彼此眼中不再新鲜时，我们就失去了分享的驱动力。分享的内容之所以有趣，是因为我们对彼此有新鲜感，而不是因为自身的成长让我们总有新鲜的内容可以分享。所以，我们的交流太依赖最初的新鲜感了。

2. 交流的动力仰赖情绪

弗洛姆还提到，如果对所爱之物缺乏积极的关心，爱就只是一种情绪。在亲密关系中，有句话屡见不鲜："我对他没有感觉了。"什么叫没有感觉了？这是一种笼统的说法，实质上就是失去了爱的情绪。

我们往往不是被爱推动，而是被情绪推动，才充满了交流的动力。但情绪往往是多变且不可靠的。这导致我们的交流容易跟着情绪走，变得阴晴不定。心情好的时候，我们就有兴致和对方多说两句话；而心情不好的时候，我们就不乐意分享，失去了交流的动力。

正因为这是一种情绪，根植于我们自己的需要和喜好，而不是出自爱、出自对对方的积极关心，所以我们也只能从中得到自己这一部分的能量，而不能从对对方的积极关心和爱中，得到来自双方的两倍的能量。这样，交流的动力就完全依赖于"我"有没有情绪。

我只能，"我有情绪，我才愿意和你交流。"

我不能，"我没有情绪，但因为我爱你，会打起精神和你交流。"

因此，当我们自身缺乏情绪时，我们就缺乏能量去和对方交流。**所有关系中了解的欲望、沟通的欲望，都只能根植于我们自己的情绪。**爱、积极的关心，其实是能量的补充。因为对对方的爱，我们才能摆脱对自己情绪的依赖，保持沟通的欲望和兴趣。

为什么婚姻中的孤独更让人痛苦

有位女士说，当她兴致勃勃地和丈夫分享单位里有意思的事时，他却戴着耳机，敲着键盘，盯着屏幕。几分钟后，他才扭过头来说："你说什么？"丈夫的表现让这位女士很无语，感觉和他聊天像在演独角戏，顿时没有继续说下去的欲望。后来整个屋子里，只剩下她收拾房间和丈夫敲打键盘的声音。有一天，她录下了整晚家里的声音，里面除了日常的交流，一句暖心的话都没有。当她把手机里的录音放给丈夫听，问他有没有听到什么声音时，丈夫反问她："有声音吗？"她再也忍不住了，对丈夫说："就是因为什么声音都没有，所以显得好凄凉。"丈夫继续敲着键盘，不知道有没有听到她的话。

这种亲密关系中的孤寂状态，让人联想到两条被冲上岸的鱼。它们只剩下彼此，失去了作为纽带、环境和内容的水。在心理学的定义中，孤独和交往的程度与质量有关。也就是说，孤独的感觉不仅因为缺少交往，还因为对交往质量的不满足。

亲密关系中的孤独，甚至像这位女士感到屋里弥漫着凄凉的气氛，深刻地反映出她针对一个最特殊（最重要）的人最深层（最亲密、最触及心灵）的交流需求没有得到应有的满足。

1. 重复获取

当屋子里除了日常交流什么声音都没有时，我们听到了孤独的声音。这位女士的丈夫为什么这么冷淡？我们可以从多个方面解释。比较常见的原因是，我们在婚姻中不断地想通过重复的日常相处，获取曾经的那种兴奋感、愉悦感，但这只会提高兴奋感、愉悦感的阈值，要求越来越高，但感觉可能越来越差。

随着这种重复带来的愉悦感越来越少，这种重复的行为就会令人心生厌烦。如果改变重复行为的目标——重复相处和重复交流，不是为了重复获取兴奋或愉悦，而是在爱中重复体验爱的丰富，那么我们在亲密关系中，就不会因为欲望目标的单一而感到厌烦，更能以自然的状态对一切敞开心扉。

2. 虚假亲密

虽然婚姻需要经营，但是如果夫妻关系变成了另一种需要小心应对的人际关系，亲密是虚假的、义务性的、表演性的，心里恨得牙痒，嘴上却要甜言蜜语，这非但不能让我们摆脱孤独，恐怕只会让我们的心情更沉重，深陷孤独的泥潭。

因为如果交往中缺乏情谊，我们就难以从交往中获得情谊的养分。《人格心理学》一书中谈到，虽然有些大学生身边有很多熟人，但却丝毫缓解不了他们的孤独，因为这些熟人并不是真正意义上的朋友。[1]"真诚"二字足以表达真实袒露自我在交往满意度中的重要性。没有两个真我的交流，也许就不存在真正的亲密；没有真正的亲密，孤独就不会被战胜。

成长，才是对爱情最好的保鲜

关系中的孤独，有时是匮乏的表现，即交流情绪、交流内容、个人状态的匮乏。两个人面对面坐着，都想说话，却无话题可聊；都期望使情绪高涨，却同样缺乏情绪。所以，就算两个人在一起，互相陪伴，却还是感到孤独。

---

[1] Jerry M Burger. 人格心理学（第八版）[M]. 陈会昌，译. 北京：中国轻工业出版社，2014.

这是因为，我们经常误以为孤独是他人不理解我们造成的，是缺乏陪伴造成的。但很多时候，孤独其实是我们自己造成的。所谓交流，有来有往，你自己既有可以输出的话题、情绪，又有吸收和反应别人思想、情绪的状态。自己处于匮乏的状态，既无东西给别人，吸收别人信息的状态又不在线，就等于交流的渠道被阻断了。

1. 成长，就是保鲜

我们经常考虑怎么才能保鲜爱情。事实是，只有采摘下的蔬菜、水果，或者切断了养分供给的东西才需要保鲜。哪个鲜活的、养分充足的东西需要保鲜？爱情也一样，一直成长就是最好的保鲜。不管对我们个人来说还是对我们的感情来说，保持成长，意味着不必从陈腐的过去一再提鲜。**成长会让我们常变常新。**

我们用不着动脑筋，就有新鲜的话题可说、有新鲜的感受分享。并且，因为成长，我们不必局限和依赖爱情单一的甜蜜感受。它像一个转动的万花筒，哪个角度都能呈现不一样的画面。我们在爱情中的情绪饱满度，不仅依赖新鲜感，还可以通过不断地丰富自己，用自己的食粮滋养爱情。

2. 自我表露，走向深层亲密

有位姑娘遭遇了职场骚扰。她的上司是一位40多岁的男士，工作能力很强。刚开始，她的上司经常给她提建议、帮助她，这让她很感激。但她没想到，她的上司别有用心。他希望这位姑娘做他的地下情人，并许诺让她当主管。这位姑娘很害怕，如果答应他，对不起与自己感情很好的丈夫；如果不答应，担心自己以后被穿小鞋。而且上司总是占她便宜，给她发送一些暧昧信息。她把这些苦恼都闷在心里，很孤独，还不敢和老公说。

她自己也想不通为什么不敢对自己的丈夫讲。是怕他不信任自己，认为自己勾引了上司？是怕他根本不敢为自己出头，会像缩头乌龟一样躲着？还是怕他情绪化，跑到单位把占自己便宜的男上司打一顿？

她其实是怕打破眼前的状态，比如打破眼前夫妻感情很好的状态，打破未经风雨的平静生活。她面对的孤独，就是独力承担生活丑陋面的孤独、不敢和丈夫真实交流的孤独。可是，不暴露真实的感受，又怎能产生深层的亲密？

"夫妻间彼此越多地谈到个人的、对自己重要的事情，彼此对婚姻的感觉就越好。"[1]为什么呢？因为亲密本身就意味着了解真实的自己和自己的感受。一个人仅仅是感觉到被了解，就足以拂去心上的孤独。

1　Jerry M Burger. 人格心理学（第八版）[M].陈会昌，译.北京：中国轻工业出版社，2014.

第七节

匮乏感：第三者背后的情感创伤

伴侣出轨，究竟要不要原谅他？这个问题，应该分 3 个部分来考虑：第一，出轨的原因；第二，对出轨创伤的认知；第三，治愈创伤的能力。

我们要明确的一点是，伴侣出轨，不必然是我们的责任，很多时候只是人性的弱点，是压力下软弱的选择。出轨的人常见的心理原因有以下几点：

- 寻求婚外的新鲜感和刺激；
- 寻求婚姻中缺失的赞美与欣赏；
- 摆脱空虚、无聊感；
- 自恋，重复享受自己的魅力；
- 寻找压力出口，通过婚外情感替代，减轻婚姻压力。

弄清楚对方出轨的原因，我们可以避免自我怀疑和自我批评，不会认为对方出轨是因为"自己缺乏魅力""自己让对方厌倦了"。

当我们产生这样的内归因时，就会承受很多本不应该自己承担的痛苦；让出轨者对出轨创伤产生明确认知，是为了让他做好"赔偿"的心理准备。对于伴侣的"赔偿"，出轨者并不是赔礼道歉就可以了，而是需要产生心理责难，进而对自己的出轨行为表示忏悔，对伴侣的创伤做出持续抚慰和呵护，还要有心理准备去应对伴侣情感创伤的发作和思维上的反刍；受害者要有治愈创伤的能力，这意味着自己要对创伤有一定的觉知，然后不管是否原谅对方，都需要树立跨越创伤的勇气。

第三者导致的情感创伤：自我怀疑

有位女士说："我和老公认识 3 个月后闪婚。虽然我没做什么对不起他的事，但他总有疑心病。老公和他前女友分手就是因为对方出轨。但我又不是他的前任，他为什么觉得我也会出轨？

"他逮到机会就翻看我的手机。我一旦外出，他的电话就追过来问我在哪里？和谁在一起？我很讨厌他这样。有时，我就会故意气他说和别的男人在一起。没想到，这让他变本加厉。有一次我和闺密去看电影，看完电影出来，见他在电影院门口等我。他是怕我和异性一起去吗？还有一次，他出差的时候说去 10 天，结果第 5 天就回来了，而且是半夜 12 点进的家门。他是要'捉奸'吗，我真受不了，他怎么会这样？"

很显然，前女友的背叛，给这位女士的老公带来了很大的创伤，导致他产生自我怀疑，觉得自己无法让女性忠于自己。因此，在现在这段关系中，他会不断地通过过分的行为验证自我怀疑——他坚信自己没有能力管住老婆，老婆会像前女友一样背叛自己。

为什么前女友会离开他？我们不得而知，但可以肯定的是，他认为对方出轨与自己有关：自己没留住对方的心。他因自己在上一段亲密关系中的"失职"而自我指责，并坚信自己没有能力留住任何异性的心，这才会出现患得患失的神经质行为。

杜克大学的心理学博士后劳拉·尼米（Laura Niemi）提出，**人们会有一个内隐的心理倾向，叫作"贬低受害者"**。也就是说，有时，人们会不那么友好地评价遭遇不幸的人。当一个人遭遇不幸时，有人会倾向于认为受害者至少要为自己的命运负一部分责任。我们常听到的"你倒霉你活该"，就是基于这种心理，即人们会倾向于责备而不是同情受害者。而受害者本人，也经常会这样自我贬低。

这就回到那个老故事上，你的马被偷了，没有人责怪偷马的人，人们反而指责你这个受到损失的人。"你为什么不能看好你的马？""你为什么就不能保持警惕呢？"责任都在你。这个逻辑是，你受害，你无能。

不仅别人会这样对待我们，我们自己也会深受这种"贬低受害者"心理的影响。当我们受到伤害和损失时，我们的第一反应可能是自愧、自贬、自疑。"为什么人家都没事，就我有事？""连女友都拢不住，被戴了绿帽子，真是太无能了。"这些可能都是我们潜意识里的声音。

面对伴侣的出轨行为，被出轨方减轻"贬低受害者"效应的一种办法是提升自信。这包括两个方面：一是对自己认知的清醒，就是对自己本质的认识和肯定较少受环境评价和大众标准的影响；二是对对方出轨的原因有一个清醒的认知。

如果被出轨方有一定的原因，就要做出一些改变。此处的关键是不对自己进行由点及面的模糊否定，而是针对具体问题反思自己的问题，并把重点放在如何解决和改善具体问题上。如果是出轨方的原因，就可以明确自己不对这样的遭遇负责任，接下来的功课就是去接受，告别旧关系并重建新关系。

情感创伤导致的行为创伤：控制与证明

上述例子中的男士，遭遇过背叛后产生自我怀疑，他不仅对自己经营关系的能力产生怀疑，而且影响了自己信任伴侣和夫妻关系的能力。即便现任伴侣是忠贞不贰的，他也很难给予其完全信任。如果伴侣因为逆反心理去做一些刺激他心理的事情，比如和其他男士见面来故意气他，那么他对关系的信任感可能会逐渐流失，最终主动放弃这段关系。

因怀疑而生的敏感，会渗透在行为中，损伤关系，比如以下行为：

- 盯梢，过度关注伴侣的动向；

- 想象，歪曲伴侣的行为；

- 在亲密关系中传播怀疑和不安全感；

- 情绪易失控，难以取悦。

每一种过分的行为，包括监控伴侣的手机、控制伴侣的社交、搞突然袭击回家"捉奸"。这些无不透露两点信息：控制关系和寻找证据。

控制关系很好理解。有了过往的惨痛经历，他们就产生了"预防"心理，表现在行为上就是他们会竭尽所能地控制对方。因为他们不信任对方能管理好自己，会担心只要自己给对方一点自由和机会，对方就会和别人勾搭在一起。说到底，创伤带来的是对人的不信任。他们不信任伴侣，就会试图控制伴侣在关系中的方方面面。

当一个人丧失了对自我和伴侣的信任，他的行为就免不了带有"寻找证据"的意味。他要寻找的证据是负面的。寻找证据，不是为了证明自己的好、证明关系的亲密，而是为了证明一直啃噬他内心的猜疑："他是不值得被爱的""伴侣是不忠诚的""关系是不可能持久的"。这些负面猜疑会让他寻找证据的行为从一开始就充满敌意和愤怒。

反过来，怀疑、先入为主的敌意和愤怒，会歪曲他看事情的态度和判断力。他关注能证明自己猜疑的证据，忽视大量反向证明的证据。这让他在关系中愈发狭隘和专断。

修复情感创伤

修复这样的行为创伤，最重要的是在根本上修复情感创伤，我们可以从以下 3 个方向入手。

1. 信心呵护

一个人在感情中遭遇背叛，他容易丧失信任。加上"贬低受害者"心理，其信心更受重创。如果伴侣不去呵护他的信心，反而对他缺乏信心表现出厌恶（虽然很能理解），只会印证他的恐惧："我果然讨人厌。"虽然他的行为缺乏爱，只有控制，让人无法忍受，但反感会刺激不安全感，激发控制行为。因为这让他越发恐慌。亲密平和的态度反而能舒缓他紧张的情绪（前提是他不是控制型人格）。当他感觉到你的接纳时，他的信心更容易得到修复。

2. 信念呵护

心爱之人出轨，爱情信念会受到极大的打击。一旦缺乏爱情信念，他更容易在关系中做出破坏性行为，比如翻看手机，控制对方正常交往。破坏性行为正是内心信念被破坏的外在表现。信念被破坏了，经营爱情需要的耐心自律、妥协的能力也就被破坏了。此时，更需避免"分手威胁"或类似行为，以呵护他脆弱的爱情信念。

3. 信任呵护

遭遇背叛，意味着一个人的信任遭到了辜负。这时，他需要更充分的安全感，才能恢复信任的能力。

更充分的安全感，要求他的现任伴侣解释事情更耐心，对情绪更体贴入微。像上述案例中的这位女士，没有及时接听老公的电话，之后一定要向他解释为什么没接；和闺密小聚，可以拍下合影发给他看，让他放心。受过伤的人，要重新建立信任，需要伴侣在沟通中给他更清晰、全面的信息，拿出更诚恳的态度。

面对创伤再发作

如果一个人对情感创伤缺乏认识，情感创伤也没有得到有效的处理，那么面对情感创伤的发作，他还会不明白：我不是道歉了吗，你不是也原谅我了吗，为什么还要这样？

有位男士在结婚 3 年后出轨了单位的女同事。他的老婆闹离婚，他费了很大劲才得到老婆的原谅。他说："没想到，她只是嘴上说原谅，却一直在折磨我。比如，有天晚上 10 点多，一个女同事因为工作上的事给我打电话，老婆凑过来听到是女人的声音，就问是谁。我怕她干扰我们谈工作，就到书房把门关上继续打电话。讲完电话出来后，我向她解释，她却半信半疑，说我心里有鬼才关门。还有一次我加班，她去单位接我，说是顺路。她和我怎么可能顺路呢？我让她以后不要来我单位了。她分明是在围追堵截我。"

这位男士丝毫没意识到，他的爱人之所以敏感多疑，是因为害怕他再次出轨。她不是在有意折磨他，而是在受着情感创伤发作的痛苦。她的创伤在一句"我原谅你了"中就被她自己和对方当成过去式，但其实这份创伤还在，并且没有得到很好的修复。

如果男士意识到爱人的多疑是创伤发作，他就不会给她制造焦虑。如果他的妻子能自省，就会有意识地克制自己的怀疑。

错误行为 1：躲到书房，关门，接女同事的电话

正确的做法是端正态度，充分意识到伴侣创伤的存在，并给予对方足够的理解和体恤。打电话的时候，他可以当着老婆的面对电话那边的同事说："稍等一分钟，我去书房接，我老婆在休息呢。"说完这种话，大大方方去书房，把门打开。老婆想听就听，不想听的话，她至少看到自己的老公有这种态度，也会放心。

错误行为 2：到单位接下班，却被警告以后别来

在信任感还没有重新建立起来的时候，妻子会出现诸如查岗等行为。这时，如果行为被压制，她心中"对方有鬼"的揣测会进一步强化。

事实上，真正的歉意包括对对方受损的信任、受损的感情的接受。这种接受表现在接受对方的不信任，不怕麻烦地多做一些解释性、安抚性工作，重建对方对自己的信任和感情。比如，在公司加班或者外出办事的时候，可以拍下照片或小视频，发给妻子看，让她没有后顾之忧。她要来，就大大方方让她来，不要顾虑。

情感创伤不是一句道歉就能解决的。它需要出轨方持续的态度付出，情感呵护，要像呵护一个可见的伤口一样呵护情感创伤，让它愈合。

错误行为 3：嘴上原谅，心里不原谅

情感创伤的愈合，不能只依赖对方的表现，还要增强自己的承受力。否则，嘴上原谅了对方，心里却做不到。

有位女士和丈夫斗了半辈子，过得很不幸福。谈起自己的丈夫，她觉得对方身上全是缺点，一无是处。后来，她退休了，离开家追逐自己的梦想，不仅找到了朋友，还实现了自己的价值。

此时，她反而放下了半辈子的怨恨，真心实意地称赞起丈夫的优点。

其实，她的丈夫并没有改变，那些伤害也是不可更改的历史，改变了的是她自己。她的视野变开阔了，内涵丰富了。伤害没有改变，是伤害在她扩大的心灵版图上变得渺小了。换言之，"伤害"伤害不到她了。

创伤的承受力不是靠咬牙坚忍实现的，而是通过削弱伤害的影响力实现的。怎么削弱伤害的影响力呢？你的内心越强大、可选择的范围越广、获得的支持资源越多，伤害的影响力就越小。

对伤害的仇恨包含"他有能力伤害我""我很弱小"的觉知。伤痛的持续发作，有时是"弱小感"的持续发作。**创伤的承受力最有力的部分，就是出轨伤害只是出轨伤害，不触及自我评判。**也就是说，别人的背叛，不会撼动自己的安全感、价值感。

第八节

当亲密关系只剩下亲子关系

"亲密关系"一词悦人耳目,岂知多少婚姻过到后来,亲密关系就只剩亲子关系了。这样的亲密关系有个特点,就是夫妻双方的感情早已由浓烈转为寡淡,彼此麻木,对于婚姻中积累的问题,双方不再积极地寻求解决之道。他们之所以还生活在一起,动机是"为了孩子",话题是"怎么教育孩子"。但只剩亲子关系的亲密关系,失去了夫妻间的情感养分,又怎能不举步维艰呢?

那么,从两情相悦伊始,亲密关系是怎么一步步发展到只剩下亲子关系的呢?

为什么亲密关系只剩下亲子关系

1. 错位的家庭功能

在传统文化中，男主外、女主内的家庭模式极为常见。这在无形中将养育孩子的重任更多地推给了妈妈。许多家庭的日常生活中不乏这样的声音："孩子变成这样，都是因为他妈妈不会教育。"好像孩子有问题，就是妈妈的错。爸爸呢？爸爸在哪里？

这从侧面反映了夫妻在家庭内容上的脱钩。孩子，本应是夫妻双方交集最多、在共同养育中更能加深感情的纽带，实际却成了妻子一方的主要家庭工作。常见的是，女人有了孩子就围着孩子转。有些丈夫甚至对此感到不满，觉得妻子对自己的关心少了。这是很奇怪的。夫妻双方非但没有因为孩子的到来，彼此有了更多共同的生活内容，反而一个向左一个向右，一个专注于孩子养育，一个成了家庭的旁观者。

这样的互相错位，失去的是建立亲密关系的机会。

2. 亲子感情取代亲密感情

在有些家庭中，父亲长期缺位或者处在边缘位置；母亲在独立养育孩子的过程中，会和孩子产生过于紧密的关系，达到共生的状态，甚至情绪共振。情绪共振是指，即使一方细微的情绪波动，也能被对方接收并产生影响。

这样紧密的亲子关系容不得任何外来情感的插足，包括母亲本应分给伴侣的亲密、孩子本应对父亲产生的亲密感。因为任何情感的"分出"，都是对母子间业已习惯的紧密关系的破坏。对母亲来说，与经营夫妻间的亲密关系相比，一股脑地爱孩子要简单得多。对孩子来说，和博取"有条件的父爱"相比，享受"妈妈无条件的爱"要舒适得多。当母子二人都适应了这种亲密时，把父亲纳入亲密关系就是种挑战。

3. 以孩子为借口，逃避亲密关系

有个男人说，他每次下班回家都不急着上楼，而是独自坐在车里，听听音乐。还有些男人直接借口有应酬，要挣钱让孩子过更好的生活，逃避回家。他们并不是真的不需要家庭，而是需要在工作和家庭之外有独处的时间，在独处中消化压力，自我修复。

女人同样需要这样的独处空间，但女人采取的方式和男人不同。**女人通过照顾孩子、和孩子亲密相处，一方面可以逃避亲密关系，另一方面可以从和孩子的互动中得到情感满足。**换言之，孩子成了夫妻双方的一个借口。一个借口给孩子挣奶粉钱，流连在外；一个借口照顾孩子，将自己的热情转移。亲密关系和亲密关系中积累的问题都被抛掷一边。

不再亲密，却不愿离婚

为什么很多夫妻感情破裂，却依然生活在一起、不离婚呢？我们常听"高考结束，涌现一波离婚小高潮"，从中可以知道，多少夫妻凑合在一起是为了孩子。孩子高考结束，夫妻就选择劳燕分飞。

1. 为了给孩子完整的家

很多夫妻不离婚是为了孩子，为了给孩子一个完整的家。这个家不管怎么吵闹不和，毕竟对孩子来说，继续和父母生活在一起，就算拥有一个完整的家。

完整的家意味着什么呢？第一，意味着父母和孩子生活在一起；第二，意味着父母对孩子有完整的关注和支持，包括经济资源和精神资源的支持。如果父母离婚后分别组建新家庭，一定会将一部分经济和精神上的资源分给新家庭。相对来说，这个孩子得到的关注就会减少。

虽然父母不知道孩子在完整却不幸福的家中长大是否会受影响、影响程度如何，但他们还是下意识地规避离婚对孩子造成的影响。

2. 离婚恐惧

不管愿不愿意承认，很多人心中存在离婚恐惧。有可能他们的婚姻早已千疮百孔，但是坚持不离婚，其中一部分原因并不是因为留恋，而是因为恐惧离婚后会面对的现实问题。这些现实问题，不仅有生活上的，比如一个被老婆伺候惯了的男人，离婚后必须学着自己买菜、做饭；还有舆论的、心理适应的、经济的等一系列问题。

有位女士私信对我说，她是两个孩子的妈妈，大的9岁，小的3岁。今年她发现老公出轨了，她想离婚。但她的父母对她说："你都脱离社会十来年了，40多岁，没有什么技能，能找到工作吗？离婚找不到工作，你怎么养孩子？"

这是一种典型的离婚恐惧。第一，全职在家，脱离社会多年，工作技能减弱或丧失，想到离婚后需要重回职场，怕找不到合适的工作；想找兼职，又怕自己做不好。第二，认为自己不够好，没有能力解决问题。这种自我认知错觉引发的自我怀疑，让这位全职妈妈不敢离婚，不敢脱离现在的生活。

无爱的婚姻，对谁都是不幸

有位女士很苦恼地给我留言说："我和老公冷战一年多了。他把我的电话和微信全部屏蔽了，每天回家也不和我说话，晚上还和我分屋睡。不过儿子在家的话，他就会和我睡同一个房间，但也互不打扰！冷战是因为我们对孩子的教育观念出现了分歧。之后还发生了一件事：我弟结婚，我拿了10万元给他。老公知道后就和我吵了起来，吵着吵着还动手打我。打完之后，他就离家出走了，半个月没见人影。一气之下，我再次提出离婚。他威胁说我净身出户他才同意！真不知道这种日子怎么过。"

显然，这桩婚姻已经不幸福了，身处其中的人毫无快乐可言。这位女士前来咨询，显然已是苦恼极了。这位丈夫生活在冷战中，一定也不舒服。而他们的孩子虽然生活在一个完整的家庭，并且父母顾及他的感受，当着他的面还假装和睦，但孩子怎么会觉察不到家里怪异的气氛呢?

1. 缺爱，矛盾就多

当亲密关系只剩下亲子关系时，夫妻双方往往抱持"为了孩子只好将就"的态度。这种行为最大的问题在于，它削弱了修复亲密关系的动机。

夫妻都生活在将就的状态中，这意味着双方不再努力修复亲密关系——反正我们在一起只是为了孩子。一切的出发点都只是为了孩子，这让夫妻相处时需要付出巨大的忍耐。因此，丧失亲密的缺爱婚姻，像唐僧取经处处有难一样，步步都容易爆发冲突、情绪失控，彼此刻薄以待。

心理学家斯腾伯格认为，爱由 3 种成分构成，它们分别是亲密、激情和决心 / 承诺。不要以为失去了爱，就只是失去了浪漫而已。我们同时失去的，还有爱的 3 种成分在生活中的功能作用。

因为有亲密、激情、决心 / 承诺，我们才更能包容而不是忍受对方的错误，才更有能力理性地解决问题，而不是动不动就发生冲突。

2. 高冲突家庭对孩子的不良影响

生活在缺爱的高冲突家庭，无论孩子直接还是间接受到父母冲突的影响，这种影响都是不可忽视的。"婚姻冲突可能是人们所发现的最能影响儿童心理发展的病原性因素之一。"[1]

有些孩子甚至因为在高冲突家庭中的成长经历，更容易抑郁，对婚姻更缺乏意愿和信心。在孩子的成长过程中，父母的负面情绪长期存在，一方面，孩子会在一定程度上影响父母的抚养能力；另一方面，父母在情绪调节及幸福婚姻上，没能给孩子做出可参照的榜样。这对成长期的孩子来说，无疑是蒙在光明未来上的一层阴影。

良好的亲子关系，离不开亲密关系的滋养。一些人把亲子关系和亲密关系分开来看，认为一段不幸的亲密关系不会对亲子关系构成影响。这种看法需要修正。如果父母真正为了孩子着想，他们对婚姻的态度就不能只满足于将就。

1　鲁道夫·谢弗. 儿童心理学［M］. 王莉，译. 北京：电子工业出版社，2016.

3. 修复亲密关系

修复亲密关系，首先需要改变错误认知，增强修复的动机。我们必须明白，将就的婚姻并不能给孩子带来真正的幸福；如果真心希望孩子幸福，父母就要努力创造幸福的婚姻。

其次，夫妻双方需要有意识地直面和解决婚姻中的问题，而不是通过转移注意的方式去逃避，比如丈夫将兴趣转移到工作或外面的花花世界上，妻子则将一腔热情全部投注在孩子身上。夫妻二人通过这样的转移，以减少交流，避免发生矛盾，但这样做却让夫妻双方渐行渐远。矛盾是不可避免的，矛盾的发生和解决其实会深化亲密感。

最后，夫妻双方都应增强亲密意识。有的人有了孩子后，没有意识到自己的角色从单一变为双重，比如在家庭中，他们不仅是丈夫/妻子的角色，还是父亲/母亲的角色。他们似乎只能全力扮演一种角色。丈夫还是脱不开恋爱期对恋人的要求，没有分出相当的精力给孩子；而妻子全情投入母亲的角色，忘掉拨出一部分精力去关注丈夫生活中遇到的事情，像过去一样爱他、回应他。

夫妻双方要有意识地承担起两种家庭角色，他们既是配偶，又是家长。这样，家庭作为一个整体是凝聚的，孩子也能成为增强亲密关系的纽带，而不是夫妻疏远的借口。

4. 分手，不妨碍高质量的共同养育

父母冲突对孩子的影响甚至超过离婚对孩子的影响。所以，高冲突的完整家庭和高冲突的离异家庭，对孩子的影响都不容小觑。如果婚姻真的走到了尽头、不得不分手，那么就好好分手。

第一，夫妻双方要换位思考，释怀积怨。有些夫妻离婚了，但还是一肚子积怨，一想起对方曾经对不起自己，还是恨得咬牙切齿。这样，积怨容易成为一种态度基调，只要双方打交道就会起冲突。

第二，保持自省，摒弃成见。这是重启沟通之路的前提。若不自省，人就以为问题都是对方的；若不摒弃对对方的成见，人就不可能真正听到对方的声音。释怀以往，接受现在，是平息冲突的基础。

在分手后，切忌在孩子面前贬损对方，迫使孩子二选一。离婚的父母虽然没能给孩子做出幸福婚姻的表率，但起码要让孩子在友好理性的氛围中学会正确地对待人生曲折。父母要考虑怎么做才能在分手的时候将对孩子的伤害降低，协调好家庭关系。要让孩子感到，父母分开虽不可避免，但父母的爱永远在他身边。

第 三 章

博弈：纠缠关系的背后

第一节

婚姻里，这样的男人最危险

有位女士说，她和婆婆的关系很差。婆婆特别喜欢在背地里说东家长西家短。有次婆婆说，她侄子的女朋友未婚先孕，太"贱"了。这位女士对此并不认同，就替那位姑娘说话，说让姑娘未婚先孕，贱的不应该是男人吗。谁知婆婆听了火冒三丈，拿起手机就扔向她。明明是婆婆打人，老公上来拉住的却是她，让她躲不过去，生生挨了婆婆打来的两个耳光。这时，公公也开始袒护婆婆，说儿媳不懂事，目无尊长。看着老公和他的父母联合起来对付自己，这位女士感到寒心且痛苦。

婆媳关系好不好，关键要看作为"双面胶"的男人。这个既是丈夫又是儿子、有着双重身份和角色的男人，不想处理婆媳关系要比不会处理婆媳关系更可怕。很多男人看似不擅长处理婆媳关系，这只是表象，事实上是他们不想处理。身为妻子的女人，嫁给男人后，一旦发生冲突，面对人多势众的婆家，往往处于被孤立的弱势地位。这时，如果男人不愿意处理冲突，选择逃避处理、躲起来、和稀泥，都意味着他放弃了对妻子的保护。

婆媳冲突会触及男人心底那条分界线：谁才是自己的家人（和父母有血缘关系、父母更可信、父母和自己一条心），谁不过是个外人（和妻子有可能分手，自己需要控制付出成本）。心理学上有一个有意思的概念——广义适应性。它是指"一种照顾自己、自己的后代和亲戚及其后代，以便把我们的基因保存下来并在后代中传递下去的进化趋势"。[1]

所以，对有些男人来说，尽管妻子是自己娶进家门的人，但从广义适应性上考虑，保护妻子远远没有保护母亲对基因传递更有价值。对他来说，妻子与自己是没有基因关联的，但是母亲不一样，自己是母亲基因的延续，承担着传递家族基因的伟大使命。因此，男人即便对妻子也怀有深深的爱，但保护母亲，即自己的使命感具有更强大的力量。

这种基因使命感不仅让他不想发自内心地处理婆媳矛盾，更有甚者，男人会和自己原生家庭的成员（比如母亲）一起把妻子这个外来的弱势者，当成靶子。这时，婆媳矛盾就转化成亲密关系矛盾。在婚姻里，有这样几类男人最危险。

---

1 托马斯·吉洛维奇，等.社会心理学（第三版）[M].侯玉波，等译.北京：中国轻工业出版社，2016.

第一类：帮着家人欺负妻子的男人

帮着家人欺负妻子的男人不能嫁。像案例中的这位男士，在母亲打自己妻子的时候，非但不主持公道，反而拉偏架。妻子被打了两个耳光，不见他表达歉意、上前安慰；老爸数落妻子，也不见他说句公道话。妻子的形容是准确的，"一家人联合起来对付自己"。

是谁让这一家人联合起来的？在他们没有结婚时，这一家人未必如此团结。但现在家里来了一个"外人"，一个共同的欺负对象，他们彼此之间可能存在的冲突和不快一下子转移了，他们日常的不快、无聊、敌意，找到了一个出口。换句话说，这位女士扮演的角色可能是这一家人情绪的肥料，成了"你我共同的敌人"。

这里涉及两个心理学元素：一是"攻击后风险最低"；二是"借贬损别人提高自尊"。

"攻击后风险最低"是指，当我们遭遇挫折却又很难找出挫折的源头时，我们会将不满发泄在比较容易攻击且攻击后不会对我们造成太大风险的目标上。简单来讲，就是找一个能够承载我们不良情绪的、好欺负的对象。

心理学研究发现，偏见能够提高自尊。进一步来讲，如果一个人在生活中的自我价值感施展受限或者没有多大成就感，那么他容易从欺负一个比自己弱势的对象中满足权力欲和成就欲，通过这种"欺弱"的方式补偿自己可怜的自尊。

一个以欺负（甚至是虐待）儿媳妇为乐的婆婆，她可能为无能感所困。她的人生乏善可陈，这时，一个可控的目标（儿媳妇）出现在她的权限范围内。她对儿媳妇的控制和伤害可以有效地缓解自己的挫折感、无能感和生活的无趣感。

此时，关键词出现了，即"权限范围"。那么，什么是她的权限范围？又是什么强化了她的权限范围？她对儿媳妇拥有的权限范围，是长辈对晚辈的权限。但这个权限需要有人给予有效的限定，这个限定的人就是她的儿子、儿媳妇的丈夫——他要限定作为长辈的母亲对作为晚辈的妻子的相处限度。案例中这个拉偏架的男人，在母亲对待自己妻子的态度上，他是没有限定的。这种来自儿子的权限限定的缺失，无疑扩大了婆婆的权限范围。

如果有男人这么做，那么妻子作为外来人"攻击后风险最低"的角色会得到巩固和强化。婆婆会觉得周围都是自己人，自己是安全的。而如果这个男人在外没有太大的作为，他往往也会加入欺负妻子的行列，借此补偿自己的自尊。毕竟自己再怎么无能，也是母亲的权限限定者。这是多么"伟大"的角色啊。虽然他也很爱自己的妻子，但在他的深层潜意识里，内外有别，通过妻子的牺牲为自己的母亲（有血缘关系的人）谋利，同时提高和满足了自己的自尊需求，这是更划算的买卖。

第二类：婚姻观扭曲的男人

有位女士说："我活成了家里的保姆，还是那种得不到尊重的保姆，好累！"

她说："我在县城电厂上班，原本厂里有员工宿舍，但婆婆不让住，说'你住宿舍，家里的活谁替你干'。"于是，她每天需要骑 2 小时电动车上下班。早晨 5 点起床，然后打扫卫生，为一家人做早饭，还要忙地里的农活。经常是她去上班的时候，其他人都还在睡觉。下班回来，她忙着做饭洗衣，辅导孩子功课，弄好之后，夜都深了。

"婆婆从来不帮我分担家务，她说自己身体不好，现在正是安享晚年的时候。而且，她还经常骂我。她骂我，我还不能顶嘴。因为她说她是长辈，哪怕她打我，我都不能还手。老公也指望不上，他说'娶了婆娘就是享福的'，我的工资还要全部给他。我嫁入这个家，除了感觉累，从来没感受到尊重和关爱。"

且不说这位婆婆多么善于用封建思想强化自己的权限地盘——我是长辈，我骂你，你不能还嘴；我打你，你都得受着，不能还手。我们先找找这位丈夫在哪里？他隐在妈妈背后，隐在妈妈强势的作风之下，成为一个受到保护、只管享受的"妈妈的儿子"。他在妻子面前四体不勤，五谷不分，是一个失去生活自理能力、需要他人悉心照料的"巨婴"。

这样一个长不大的男人，会不停地向他人索取。结了婚，他不但担不起丈夫的责任，还会延续"巨婴"作风。婚前靠父母，婚后靠老婆。坐享其成，什么也不干。本质上，他找的并不是一个爱人，而是"妈妈"。他会将自己和妈妈的相处方式、妈妈的思想行为，都复制到婚姻中。通过他的复制，他的妈妈会持续地横亘在新家庭中。

1. 结婚，复制一个"新妈妈"

一个女人和巨婴型丈夫生活在一起，特别心累。他对男孩和男人的区别缺乏认知。他结婚的目的，就是找个能照顾自己的"老妈"。他和妻子的相处方式，其实是儿子和妈妈的相处方式，并且是被惯坏的孩子和溺爱的妈妈。这对婚姻形成以下两方面的挑战。

一方面，作为被惯坏的孩子，他养成了"衣来伸手，饭来张口"的坏习惯，他的责任感和担当还没来得及发展就夭折了。糟糕的是，虽然像孩子一样需要照顾，但他又不真是孩子。作为成人，他积习难改，不像孩子那样容易被影响、被塑造。扭曲的婚姻观已经形成，他就是要享福，要享受妻子妈妈般的付出。这要比改正孩子的坏毛病难得多。

另一方面，他对妻子的要求是对溺爱自己的妈妈的要求。他会"听不懂"妻子最简单的沟通。正常夫妻之间沟通，妻子对丈夫说:"我累了,你帮我干点活儿。"这样的话在他的耳中需要中途转译。他要花时间学习调整自己的角色,从儿子转变为丈夫,只有这样,妻子才能在他的眼中从妈妈还原为妻子。简单的谈话——"你帮我干点活儿"才被理解和接受。否则,他会摆出被惯坏孩子般的姿态,对妻子的诉求不予理睬。

2. 长大的男人,长不大的需求

马斯洛曾说,人和人最大的区别是需求的不同。想一辈子躲在妈妈羽翼底下的巨婴,他需求的发展是停滞的。人进入成年期之后,之所以热烈地期望爱情,是因为有爱、理解、志同道合的需求。而对长不大的男人来说,虽然他的外在结婚了,但内心不过是换了另一个人来履行妈妈的职责,满足他从未长大的需求。

嫁给这样的男人,夫妻双方的沟通是有障碍的。因为彼此的需求不同,目标也就不一样。妻子有着成人的需求和行为方式,却很难从丈夫那里得到关爱和支持。因为他有着孩子的需求和行为方式。他的需求以自我为中心,只要满足自己的安全感和被照顾的需要就足够了。

"老婆就应该伺候我,我就应该享福。"婚姻观的扭曲,进一步阻止了男人需求的更新。双方需求的差距,又会加剧夫妻间的矛盾和不理解。因为从本质上讲,他们一个拥有成人需求,一个拥有孩子需求;一个需要向北,一个需要向南。

妻子在这样的婚姻中很难满足对方的需求，因为有一个原版的"溺爱老妈"作对照，她永远都达不到原版的水平。

第三类：糊涂的男人

糊涂的男人在处理家庭矛盾、婆媳关系时，会有以下 3 种危险倾向，这无疑会使亲密关系雪上加霜。

1. 习惯用暴力手段解决问题

有个男人，每当听到自己的妈妈指责妻子，就会冲上去打妻子。他会习惯性地用暴力解决问题。注意，是"习惯性"。只要你不按他的意愿做事，他就会用暴力胁迫你去做。或者，只要你做的事情让他不开心了，他说动手就动手。这样的人，即使在暴力结束后乞求你的原谅，甚至发誓再也不这样对待你了，你也不要相信。他们具有很强的操控型人格，人格不变，施暴行为就永远存在。

2. 控制欲和占有欲过强

有的男人极度想要控制和占有妻子。这种人在亲密关系中不仅想要控制对方的所有行为，还会用尽一切方法把妻子困在他的活动范围内。若是妻子稍有违逆，哪怕妻子受了极大的委屈，他都会翻脸不认人。因为只要他感觉自己失去了控制，分分钟暴跳如雷，变成一意孤行的"暴君"。

3. 情绪控制能力差

情绪控制能力差的人，情绪波动非常大。你会觉得他们很神经质，甚至有些癫狂。尤其是在遇到不好的事时，他们的玻璃心一碰就碎，情绪一点就炸。他们发泄情绪的方式经常是大吵大闹、摔砸东西，甚至可能有自残行为。这种人在亲密关系里很容易做出偏激行为。当面对婆媳关系这样的复杂问题时，妻子很难和他协商、得到他的支持。因为在协商之前，他就会情绪失控，先和妻子吵起来。

总结起来，糊涂的男人在处理婆媳问题时有以下特点：不分青红皂白地站在自己母亲一边，用压制的手段解决矛盾；不关心谁是谁非，只关心自己的想法有没有被服从；一碰到问题，就淹没在消极情绪中；选择的解决方案，不是为了解决问题，而是屈从于情绪压力，比如，为了逃避冲突而和稀泥，这只会让妻子受尽委屈，却无助于改善婆媳关系。

第二节

婚姻问题常见的三大痛点

不少专家对婚姻的痛点做了很多总结，像丧偶式婚姻、保姆式婚姻等。而与婚姻关系紧密相关的主题就是婆媳关系，并且婆媳关系在婚姻中占据了不容小觑的重要地位。很多人的婚姻就是因为婆媳关系出现了问题而走向了终结。

一般来说，有婆媳问题的家庭都具有以下特征：**一个强势的母亲和一个弱势的儿子**。儿子的弱势主要体现在他没有发展出独立思考和判断的能力，没有主见，缺乏坚持自我的理由和力量。在一个家庭中，母亲、儿子和儿媳妇组成了一个三角，这个三角关系处理得好不好，儿子起关键性作用。如果儿子一直在扮演强势母亲的弱势孩子这一角色，那么他就无法以一个成熟男人的身份承担起平衡母亲与妻子、自己与妻子、自己与母亲之间关系的责任。在面对糟糕的婚姻问题时，这个男人就会在母亲面前退行为一个心智巨婴，期待母亲帮助自己摆平问题。一旦男人与母亲并肩作战，夫妻两个人的婚姻问题就发展为一家人共同的问题。

在这样大家庭式的婚姻中，不同人之间的界限和角色混乱不清，处理问题的规则就会发生微妙的变化。这就像我们职场上的头脑风暴一样，每个人都发表意见，都有自己的立场，若处理不当，结果往往是根本问题并没有解决，反而暴露出不同成员之间更微妙的矛盾。

家庭关系中也是一样的。界限和角色混乱会无形中为家庭成员的自我放纵提供空间。每个人都可以以"我是为了你好"为由行过分之事，过度干涉他人。这样做反而激化了家庭矛盾，而不是促进和睦。明确的界限和角色意识，会唤醒和强调我们的自律之心。家，不仅是我们可以放松的地方，也是需要自律的地方。接下来要分享的婚姻三大痛点也与婆媳关系有着密不可分的联系。

丧偶式婚姻：爱人的缺位

丧偶式婚姻，是指在婚姻中配偶担不起自己的职责和角色，使婚姻处于配偶缺位的状态。这种婚姻状态中的男士或女士，往往是一个妈宝男（女）。由于他（她）缺乏独立人格，在父母面前仍然处于需要保护、害怕惩罚、缺乏独立见解的孩子的状态，所以在一定程度上是个无效的配偶，甚至是有害的配偶。

妈宝男（女）承担不起在家庭中调和家庭成员、解决家庭纠纷的责任，也无法作为一个独立的家庭责任人，对家庭事务提供有效的指导和帮助。

有位女士结婚 3 年来，总是因为跟公婆之间的各种小事与丈夫吵架。比如，这位女士讨厌洋葱味，但公婆每天吃生拌的洋葱。她对自己的丈夫说，能不能让公婆别吃洋葱。丈夫说不能，老人吃洋葱降血压。再比如公婆起得早，每天在客厅里不停地拍手健身，吵得她没法睡。她就和丈夫商量，请公婆去楼下锻炼行不行。丈夫说不行，楼下正在修路，灰尘太大。总之，只要牵扯到自己的父母，丈夫就会站在父母那边不停地反驳妻子。这让这位女士很苦恼。

妈宝男（女）有两个比较突出的特点：一是对父母无原则地言听计从；二是对父母无原则地全力维护。要解决例子中的矛盾，我们首先要搞清这是谁的家。如果这是公婆家，是小夫妻主动住进来的，那么这个儿媳妇的要求就有点越界了；如果是公婆主动住在了儿子和儿媳妇的家，那这个儿媳妇的要求就是合理的。排除这一点，我们可以进一步分析这位男士在家庭问题面前的无效处理方式。

1. 家庭问题只要牵扯到父母，就从沟通状态切换为防御状态

防御状态是一种单向的输出，强调的是"我"怎么样、"我"为什么这样做、"我"需要什么，而不能吸收对方的信息——讨厌洋葱味。这种状态使他听不见或拒绝听配偶的不同意见，变得特

别顽固，使他在做决定时只是权衡单方面的利益。在这种状态下，他就无法起到沟通双方意见、平衡双方权益的"桥梁"作用。

2. 服从父母，委屈爱人，情感分配上严重不均

妈宝男（女）有个特点，作为一个内心不成熟、不独立的"巨婴"，他严重缺乏爱的能力。你可能会觉得妈宝男（女）都很爱自己的父母，对自己的父母言听计从，全力维护。但这种表现其实不是爱，是自我保护的反应。

因为妈宝男（女）拥有不成熟的自我，他们不会处理冲突。当父母和爱人的利益发生冲突时，他们选择只考虑强势的一方，因为这样自己就站到了强者的后方，可以逃避惩罚、冲突和责任。但这会让爱人产生严重的缺爱感。案例中的男士觉得楼下修路不适合锻炼，这无可厚非，但同时要洞察妻子的感受，在妻子权益受到侵害时，应给予情感的抚慰，承担起情绪解决者的职责，而不是任由妻子自我消化。

在丧偶式婚姻中，爱人缺位的主要表现是情感的缺位。他无法像成年男女那样去爱自己的爱人。他会回避爱人的情感需求，不能在爱人受委屈时给予安慰，也不能在爱人需要支持时给予支持。特别是，在家庭发生冲突，需要他发挥判断力或挺身而出为爱人说句公道话的时候，他会选择自保，把爱人推向风口浪尖，让爱人独自面对冲突，让她承受冲突带来的情感冲击。

家庭式婚姻：界限的缺位

如果界限不清，两个人的婚姻就容易变成一家人的婚姻。就好像人人手中都有一把新房的钥匙，想进来就进来，用不着征得谁的同意，也用不着去想会不会有人不高兴。

有位60多岁的阿姨，因为退休一时寂寞，老伴已经去世，她就打算搬到城里和儿子一起住。她想得很简单，觉得搬到儿子家，对儿子一家来说无非就是添双筷子的事。所以，她收拾好行李准备出发时才告诉儿子。儿子对此非常震惊。更让阿姨没想到的是，儿子10分钟后回电话委婉拒绝说，妻子觉得家里房子小，住不开，劝老妈还是先不要来了。

抛开别的不说，在这个例子中，最耐人寻味的就是这位阿姨的"天真"。她把住进已婚儿子家当作"只是添双筷子的事"，甚至完全想不到应该先征求一下儿子和儿媳妇的意见，只在出发前通知他们一声。被拒绝更是出乎她的意料。她觉得住自己儿子家，何错之有？

她的"天真"不是缺乏社会经验造成的，是家庭中界限缺位造成的。

界限不清，主要有以下3种表现。

1. 缺乏尊重

缺乏尊重，并不一定是主观上故意不尊重，而是因为对他人权利和自我权利缺乏分辨意识，造成事实上自我权利的越界和对他人权利的侵犯。

比如，"我觉得我住到儿子家是应该的""我拿着婆婆家的钥匙，可以不打招呼就上婆婆家随便拿东西"。有这些想法的人，主观上并没有不尊重自己的儿媳妇或婆婆的意思，他只是因为界限不清，混淆了自己和他人的权利，分辨不清自己的权利在哪儿，他人的权利在哪儿，进而做出了不尊重别人的行为。

2. 以"一家人"为幌子，过度干预

在家庭中，最怕某人打着"一家人"的幌子，过度干预别人的事情。因为，他认为既然是"一家人"，那么什么话都可以说，什么事都可以过问。

很多人将"我们是一家人"理解为"不分你我"。它传达的意思，如果仅限于亲切，那是好的。但有时，这句话是在告知你一种相处模式：从今以后，我们的生活将不分你我地混在一起。你的利益、习惯、生活的点点滴滴，都将纳入这个大家庭，我可以并且有权过问所有事情。

3."占有"的延伸

婚姻中界限不清是因为"占有"心理延伸到了姻亲关系中。一个对儿子有强烈占有欲的母亲，或者一个对丈夫有强烈占有欲的妻子，她的占有欲，会延伸到和她占有的人有亲近关系的人身上。

可以说，这是爱屋及乌的翻版，却是一种负面的表现。他不仅想占有这个人本身，还想占有和这个人有亲近关系的人。只要和被占有者有亲近关系，就会被他视为自己所占有者的一部分，也要被他占有。

缺爱式婚姻：成长的缺位

很多婚姻可能会阶段性地面临一个问题：当我们之间爱淡情弛时，怎么办？有时爱情是一件理性的事，因为当你爱一个人时，你会主动做出很多自律的事情，比如每天问好、记住纪念日、主动接送上下班。这些爱的行为都需要长时间的自律才能实现。我们常常会把这些行为叫作责任感。而一旦你没有那么爱对方了，你所收回的不仅仅是这种感觉，还包括这些自律行为，甚至把善良、包容和友善一同收走。

1. 一旦爱淡情弛，就不自律了

在婚恋中比较常见的一件事是，我们的爱情观经常建立在激情之上。

我们对对方的好，完全建立在激情的基础上。一旦激情降温，不仅爱意开始变淡，就连照顾对方的感受、维护自己的形象这些起码的自律行为都开始懈怠了。我们不再为解决争执而努力，因为有无争执似乎不重要了；我们更不愿意为了对方约束一下自己的任性行为。

爱淡了，没那么爱了，这就是理由。

事实上，爱情是有生命的。好的爱情是成长的爱情。激情、伴随激情而来的轻而易举的亲密，只是爱情最初的成分。但太多人把开头当作爱情，一旦爱情进入新的阶段，他们就以为爱情结束了，于是放弃爱情中的自律行为，也放弃和爱情一起成长。

我们常说，爱的时候，连缺点都成为优点；不爱的时候，连优点也变成了缺点。如果一个人不再如过去那样爱对方，其实此时他更需要自律。在婚姻中，即便爱意减少，我们也要约束自己的行为，尊重对方，善待对方，恪守责任。这才能为我们的爱情成功进入下一阶段打好基础。

2. "缺爱"是一个信号，提示你的爱该更新了

很多夫妻爱淡情弛，从未跨越"激情之爱"这个阶段，因为他们对爱从不进行更新。无论是对爱的理解，还是对爱的需求，都停留在最初的阶段。就像小孩掌握了一项技能，从初掌握时的兴奋到熟悉时兴奋感减弱，最后他从中得到的满足越来越少，厌烦越来越多。这时，他只有更新技能，才能从厌烦中解脱。

婚姻也是一样。婚姻中"缺爱"，往往被错误地解读成爱情没有了，所以彼此开始相看两厌。但对更多的人来说，不如说这是一个信号，提醒你自己的爱情一直停留在原地，因为没有成长，没有新的内容加入，爱的能量告急了。"缺爱"，与其说是不爱了，不如说是本能的爱、不费力的爱消耗殆尽了。

随着婚姻的不断深入，我们的"爱能"需要更新，从靠天吃饭，追求激情到有爱的自助能力。只要我们保持自我成长，总有新的内容为爱赋能。

第三节

位置感：婆媳关系紧张的根本

婆媳矛盾的根源：位置角色混乱

在很多婆媳矛盾中，我们都可以看到位置角色混乱的现象。比如，当婆婆的，不仅没有在儿子结婚成家之后自觉退出儿子的生活，尊重儿子和儿媳妇作为成年人应有的选择生活的权利，反而把自己作为家长的权限放大，也对儿媳妇行使起家长的权力。

有位深受婆媳困扰的女士给我发来私信说："我婆婆经常无缘无故为难我。比如，装修时，我偏爱简欧设计，她非要装成复古风，不按她的来就不让装修；又如，我家宝宝对杧果过敏，我买了杧果自己吃，孩子吃不到哇哇大哭被婆婆看到了，她就嚷嚷着我虐待孩子，并向我的老公告状。有次她念叨说她儿子太瘦了，让我给老公炖鱼汤。我对鱼腥味太敏感，就请婆婆炖。婆婆竟然酸溜溜地说："我儿子哪是娶了个媳妇，分明是娶了个菩萨，得供着。"刚结婚时，我是想和婆婆好好相处的，但婆婆处处难为我，我也不知道该怎么面对她了。"

这对婆媳关系之所以紧张，是因为婆婆没有摆正自己的位置。

1. 要求别人活成自己期待的样子

婆婆把对自己的要求强加在儿媳妇身上。案例中的这位婆婆一定是位"牺牲型"母亲，自己把好吃的、好穿的留给孩子，让孩子吃好的、穿好的，自己吃剩下的、穿便宜的。这位婆婆是这么当妈的，她也会要求儿媳妇按照自己的方式来当妈。如果孩子不能吃杧果，那么她就不应该买。怎么可以因为吃的，把孩子馋哭了呢？这是万万不可以的。事实上，每个人都可以按照自己觉得正确的方式去面对孩子、养育孩子。婆婆没有权力强迫儿媳妇活成她所期待的样子。这本就是角色错位的表现。

2. 给自己的孩子找"新妈妈"

很多婆婆看待儿媳妇的角度很有问题，比如把儿媳妇当作自己的接力棒，是义务"继承者"，要承担起照顾自己儿子的义务。这类爱子心切的母亲常常会给儿媳妇提出这样的要求：自己辛辛苦苦养了几十年的宝贝儿子，现在交到你手里了，你要把他当宝贝来疼。所以，在期待儿媳妇给儿子煲鱼汤却遭到拒绝时，婆婆大怒，觉得"新妈妈"没有照顾好自己的"孩子"，她是不称职的。

3. 企图成为儿子家庭的主人

很多老人在儿子成家后很难接受这样一个事实：儿子成年了，从自己的家庭中分离出来，自立门户，找到伴侣，成立了新家庭。也就是说，儿子自己为未来的家庭找了新主人。从心理上说，**接受家庭中加入了新成员要比认清家庭重要成员（儿子）分离出去更容易**。因此，很多老人，尤其是婆婆，会想当然地把儿媳妇看作嫁进了自己家，这样，家庭中就有了两位女主人，而自己作为"掌权者"，自然无法接受权力被剥夺。于是，婆婆便在心理上展开了争权大战，怕自己地位不保，便主动向儿媳妇宣战。没有问题就制造问题，想要为难儿媳妇，让其缴械投降，被自己收编。但是，新家庭的主人是儿媳，不是婆婆。

婆媳关系中两种常见的位置错位

错位一：站在监督者的位置上

试想，如果这位婆婆是和自己的女儿在一起，女儿买了杧果，小外孙对杞果过敏，她会怎么说？她是会说"孩子过敏，你还买杞果"，还是说"你想吃你就自己买点吃，吃的时候别让孩子看见"？她一般不会说女儿是在虐待孩子。

她能将这样一件容易理解的小事定义为"儿媳妇虐待孩子"，并且在儿媳妇解释了以后，还是不肯接受，这是因为她把自己放在了监督者的位置上——她监督儿媳妇的行为，她看待儿媳妇的方式就是"纠错"。

很多时候，婆婆的建议惹人反感，并不是因为她的建议不正确或者不中肯，也不是因为儿媳妇对长辈缺乏尊重，而是因为这种建议中包含一种监督者心态。如果婆婆提出的建议不是出于关心，也不是基于对事情的客观思考，而是出于对对方的监督，那么势必引起对方的逆反心理。

试想一下，如果这位婆婆面对的是当着孩子的面吃杞果的女儿，她看着小外孙哭，可能也会生气地说："知道孩子过敏，你非当着孩子的面吃！下回别让孩子看见你吃。"暗含的意思是：你想吃可以随便吃，别给孩子看见就行。而婆婆面对儿媳妇时的言外之意却是：你怎么可以吃杞果，还不给孩子吃，这不是虐待孩子吗。婆婆通过监督者的角色站位，让儿媳妇的个人行为得到了谴责。

监督者心态源自内心的敌意和排异。当婆婆预先设定儿媳妇是需要被挑问题、被谴责的，就会从生活中寻找证据来佐证自己的设定。这种谴责容易激发人的羞耻心。如果儿媳妇在生活中不断被挑错、被谴责，就会变得谨小慎微，而这时，婆婆的掌控欲就得到了满足。

如果婆婆把自己置于监督者的位置，就会表现出言行上的攻击性，这时婆媳关系一定是紧张的。因为儿媳妇会明显感觉到婆婆刻意找茬的不善意。从表面上看，在婆媳关系中，婆婆缺乏正确的位置感，把自己放在一个错误的位置上，似乎只是一种无知和操作失误。其实，棘手之处在于促使她选择这种错误位置背后的心理因素，她渴望通过让别人受挫来宣泄自己内心的不满和不适。

错位二：站在控制者的位置上

对很多儿媳妇来说，婆婆插手自己的家务事，指挥自己怎样和爱人相处，简直是让人反感至极的事。

"装修必须走复古风格。"

"我儿子瘦了，你要给他炖鱼汤。"

"我儿子工作太累了，你得多干点家务。"

她不是站在一个长者应有的位置上给出参考意见，强调双方互敬互爱，而是站在控制者的位置，控制儿子和儿媳妇的生活。

控制和关心的不同之处在于，关心是给对方留有选择余地的，关心的人会给对方提出一些建议，对方可以接受，也可以不接受，而控制者则要强迫对方接受。控制行为包含这些因素：第一，控制中欠缺尊重；第二，控制行为其实是压制，甚至夺走别人的选择权；第三，控制有时还有刻意贬低的意思。控制者通过控制行为，重新对家庭成员的地位进行排位。处于控制者位置的人，隐含"我说了算，我在家里位置更高"的意思。

所以，如果婆婆站在控制者的位置上，那么她采取的相处模式就是试图强迫另一方放弃自己的权力，顺从自己，这当然会让人不快。

如果儿媳妇是个控制者，婆婆的感受也与上面描述的一样。试想，这样的话，婆婆听了怎能不难受："妈，我们要买房，你必须拿钱。"这种控制行为，一下子就侵入了私人领地，挑战了对方两方面的权力：一个是安排生活事务的权力；另一个是保留个人意见的权力。

控制位置是一个高冲突位置。哪怕说的话挑不出毛病，都容易引起冲突。首先，控制表现在态度上就是敌意和对立的，另一方会明显感觉到说话者的深层意图：装修必须按照我的喜好来，不是因为我真的接受不了其他的风格，而是我为了借这件事，压你一头。其次，强迫的行为会激起对抗和愤怒。"你必须拿钱给我们买房"，这种行为隐含对另一方权力的剥夺，本身就是好斗的行为。另外，在家庭中，控制者激发冲突，还源于"为了控制而控制"的心理。有人为了控制而控制，就容易寻衅滋事。为了达到控制的目的，"天下本无事，庸人自扰之"。

位置感，是对角色和分寸的把握

在婆媳关系（或岳母和女婿的关系）中，位置感是很重要的。没有位置感，就容易失去分寸感，从而把握不准自己在关系中扮演的角色。

有位男士的妻子怀孕了，岳母来帮忙照顾他的妻子。但这位男士在与岳母相处的过程中龃龉不断，他总觉得岳母在故意刁难他。比如他给妻子买了榴梿，岳母看到后十分不悦，说榴梿性热，不适合孕妇吃。他反驳说："她不能吃，我可以吃。"岳母就批评他不懂得心疼人，不知道买些孕妇能吃的东西。还有一次，他下班回家发现岳母因为女儿单位聚会不回来吃饭，所以就没有做饭。他很生气，质问岳母："我就不用吃饭了吗？"这一下就让矛盾升级了，岳母也生气了，不仅说了女婿一堆的不是，还提到了房款的事。原来，女儿女婿住的房子，购房款是岳母家出资比例较大。两个人因此吵得不可开交，这位男士都不知道以后该怎么与岳母相处了。

从榴梿、晚餐这样一件件小事上，岳母感觉女婿是一个不懂体谅、不懂感恩的人。这些事累积起来，才让岳母对女婿越来越不满意。

岳母说榴梿偏热、孕妇不能吃，女婿听完后直接回答"她不能吃，我可以吃"。而作为岳母，她听完后有什么感受？她会觉得，女婿自私，只考虑自己。如果女婿回答："妈，我不知道孕妇不能吃榴莲，那咱俩吃吧。您看孕妇适合吃什么水果，我再去买。"那么，岳母就会觉得女婿既孝顺又会心疼人。

这位男士之所以有这些过分的举动，让岳母觉得他不懂感恩、不懂体谅，正是因为他在关系中缺乏位置感。他没有意识到，岳母不是亲妈。比如做饭这件事，岳母做饭是情分，不做是本分。而且岳母离开自己的家，跑到女婿家天天做饭，这份辛苦女婿非但不体谅，还觉得是应该的，这不是缺乏位置感吗？如果找准了位置感，女婿就会说："妈，您吃饭了吗？要不我带您出去吃点好吃的吧，平时您也辛苦啦。今天正好让我犒劳您。您想吃什么，随便点。"这样，岳母心里就会觉得暖暖的。

1. 规范自己的角色

很多人并不了解自己在关系中的角色。他们知道自己的身份是婆婆、岳母、儿媳妇或女婿，但并没有真正地了解应该怎么扮演这个角色。演好自己的角色，起码要先规范这个角色。了解它的相处规则是什么、要求上限是什么、需要规避的红线是什么。每个人都要清楚这些事。

作为儿媳妇或女婿，在长辈忙着做饭的时候，你不能像与自己的亲妈相处一样，躺在沙发上刷手机吧？你不能随随便便地提要求吧？有些话，有些事，你要掂量好几遍再说，以免发生冲突。

在婆媳关系中，规范自己的角色的意识要时常在线。记住，婆婆不是亲妈，儿媳妇不是女儿，相处时要有特殊的规则。对亲妈，对女儿，有时要求无上限，可以随便提；但对婆婆、对儿媳妇，提要求要有上限意识。心里要明白，要求提到哪儿就该打住了。同样，在亲妈、女儿面前，可以不用太费心地约束行为，因为彼此不会过分在意和计较，但婆婆或儿媳妇就不一样了，需要规避的红线是什么，哪些言谈、行为绝对不能有，大家心里要有数，"约束自己"的警报器要保持灵敏。

2. 对人之常情，抱有同理心

上述案例子中的男士因为岳母只给她自己的女儿做饭而生气。她的女儿不回来，饭就不做了。无独有偶，有个女孩也因为类似的事生未来婆婆的气。她和男友都在男友妈妈的公司上班，她气不过的是，凭什么两个人干一样的活儿，男友妈妈给男友的工资更高？

他们不明白，虽然按照法律和习俗，他们即将成为某个家庭的一分子，也会改口称呼对方父母为"爸爸""妈妈"，但血缘关系是抹不去的，多年的养育之情也不是一个后加入的人能相提并论的。双方要求对方像对待自己的父母、孩子般对待自己，不允许有一点偏私，是过分的要求。

摆正位置，要允许人之常情的存在。谁不是更爱自己的父母、子女，超过爱姻亲关系中的父母、子女？要求同等的感情和待遇，是和人性过不去。

3. 有私心，就有僭越

有私心，就容易僭越。僭越就会失去分寸感。要在婆媳关系中找准位置，首先就要杜绝私心僭越的心理。因为一旦有了这样的念头，分寸感缺失，就容易被视为有意为之。婆婆、儿媳妇过分的行为，就从无知、偶然变成了有意的侵占。

如果存心逾越分寸，婆媳之间就很难和睦相处。因为别有用心之人不在乎婆媳关系是否融洽，满足私心才是目标。这会削弱维护关系的动机。既然关系好坏都不介意了，那么，还有什么必要约束自己、找准自己的位置呢？

第四节

家庭中的权力主导者，决定了关系走向

不难理解，家庭这方小天地，也存在权力的争夺。在由丈夫、妻子、婆婆构成的家庭三角中，这一点尤其突出。小到饭菜口味，大到资金支配，事无大小，都能引发婆媳交锋。交锋的表面是观念的碰撞。婆媳二人，有着年龄、习惯等诸多差异，发生观念碰撞在所难免，但最难解决的是碰撞之下深层的夺权心理。可以说，几乎所有的婆媳问题，本质上都是对权力的争夺。

争夺的权力对象，表面上都是家务支配权。但婆媳关系的中心——儿子（丈夫），往往是更深层的争夺对象。这个男人和双方都存在紧密的关系。他站在谁那一边，和谁更亲密？这是一个双方都无法放弃的争夺项目。有时，仅仅是这个男人站在自己这边，气就平了大半。如果婆媳争执的焦点单纯是为了生活琐事听谁的，两个女人或许还能和和气气地互相让一让。但这背后涉及男人是一方的儿子和另一方的丈夫，这件事就不简单了。一个是有养育

之恩的母亲，另一个是结过山盟海誓的爱人。两个女人都认为自己对这个男人拥有更多的权利。

争宠：对所有权的争夺

有位女士给我发来私信说："婚后，婆婆天天和我争宠，偏偏老公觉得婆婆什么都对。我公公去世早，婆婆没有再嫁，一个人把他拉扯大。结婚前我觉得婆婆和老公都挺好，母慈子孝；结婚后，老公把婆婆接来和我们一起住。在这期间，我对婆婆的感觉发生了微妙的变化。我总觉得她不是把我当儿媳妇，而是把我当成她和她儿子中间的第三者。比如，我和老公坐在沙发上正聊得开心，婆婆看到之后，就一屁股坐在我们中间；老公给我削了苹果，我还没吃呢，婆婆看到立刻嚷着自己要吃。最让我难受的是，有次我和闺密小聚，晚上 11 点到家，结果发现门被锁死了。我打电话让老公开门，老公说婆婆嫌我在外面野，要给我一个教训。我好心寒，他竟然听他妈妈的，把我锁在门外。"

"第三者"心理存在于很多婆媳关系中，尤其是单亲妈妈养大的儿子结婚后，儿媳妇往往会有很强烈的第三者心理感受，觉得自己仿佛是一个第三者，插入这位母亲和儿子的亲密关系中。在现实生活中，单身妈妈养大儿子的例子并不少见，如果是健康的母子亲密关系，我们完全可以理解，但**有不少单亲妈妈成为婆婆后表现出来的行为，都带有一种病态的依恋。**

这种病态的依恋会要求儿子始终把自己放在首位，要求儿子投入更多的时间来陪自己，要求儿子关照自己的情绪，在自己与儿媳妇发生冲突时，尤其要求儿子明确地站队表态，等等。

婆媳之间这种"第三者"心理，为什么会产生？其主要原因有3个。

原因1：因侵占而表现出的攻击性

对很多婆婆来说，当儿子对另一个女人表现出亲密行为时，她会内心有所不甘，觉得自己辛辛苦苦培养大的"果实"，被别人轻而易举地摘走了。在儿子结婚前，婆婆和儿子之间形成了私密而固定的心理空间，婆婆把儿子看作自己世界的全部或者是最大的部分，围绕儿子建立的心理空间，成了婆婆的心理舒适区。而儿子成家后，儿子的精神世界被另一个女人侵占，婆婆产生了心理危机感，因此会表现出攻击性，以尽可能维护自己领地的完整。

原因2：失去依恋客体的恐惧

一位单亲妈妈或者一位把亲子关系看得比亲密关系更重的母亲，会对儿子产生强烈的占有欲。这种占有欲源自其内心对儿子的依恋，把儿子作为自己精神寄托、归属寄托的客体。在这段排他性的亲子关系里，母亲得到了情感满足。儿子结婚，意味着母亲的依恋客体要与另一个人分享。这就像一个孩子面对家里新成员出生时的心情，自己独享的爱要被分享，他们因此会产生强烈的恐惧感。为了抵御这种恐惧，母亲会迁怒于夺爱的儿媳妇，通过心理上的对抗、争斗抢回原来对自己而言完整的爱。

原因 3：害怕被抛弃感

从爱利克·埃里克森（Erik Erikson）的人格发展八阶段理论来看，当婆婆之后，女人大多开始进入成熟期（65 岁以上），面临体力、心力和健康的衰老，她们开始经历心理上的无助和绝望，不仅心理上要接受被时代逐渐边缘化和淘汰的焦虑，身体的每况愈下让其对疾病、衰老和死亡产生强烈的恐惧。如果婆媳关系不好，她们会特别害怕儿子向着儿媳妇，并抛弃自己。所以，很多婆婆并非恶毒，是因为害怕被抛弃，害怕没有人疼自己、爱自己，才会做出很多无理取闹的行为，以此验证自己的重要性。

强势：对控制权的争夺

如果一位母亲把自己的孩子当成私有财产，甚至在他成人、结婚成家之后依然发展不出和孩子分离的能力，那么她就免不了过分关注孩子的事情，参与孩子的事情，控制孩子的生活。此时，孩子的小家，包括孩子的爱人，在她的眼中都成为这份私有财产的延展部分。她要继续控制自己的儿子，就不可能不控制他的小家庭，控制他的爱人。

有位女士很苦恼，她有个故意和自己作对的婆婆。她说："自从我嫁给老公，婆婆就说'既然结婚了，就要担起这个家，家里家外你都得照顾好'。她说的照顾好，就是什么活都得我干，她儿子除了上班，其他什么都不用干。有次老公去买菜，还没回家，婆婆就开始说教我，男人哪儿干得了这个。现在我怀孕了，闻不得油烟味，做不了饭。婆婆就说我矫情，说我懒，不想做饭。我也和老公说过婆婆的问题，老公也和自己的妈妈交涉过，但无奈婆婆非常强势，仍一意孤行。"

　　强势的人，不一定面对任何人都十分强势。她之所以在这个人面前强势，往往是因为这个人在她面前太软弱，正所谓"一物降一物"。所以，婆婆的强势能够映射出儿子的软弱、无力。是儿子的软弱无力，鼓励和纵容了母子关系中婆婆强势的表现。就像弗洛姆在《爱的艺术》中所说："一个软弱无能、完全服从母亲的孩子，不言而喻是一个专制并有占有欲的母亲的自然对象。"

　　儿子的软弱无力导致事实上"可控制目标"的出现。也就是在关系中，创造了可控制的人、事物、机会，让对方的控制欲有了可以施展的舞台。像这位婆婆，俨然是大家庭的一家之主，她不仅制定这个家庭的规则（儿媳妇照顾家），还监督家庭规则的运行（儿子不能去买菜），更掌握惩戒、伤害的大权（说儿媳妇矫情）。

　　都说父母应该学会退出孩子的生活，那么为什么有些父母就是学不会，或者说拒绝退出呢？简单地说，这里存在巨大的利益（诱惑）。对喜欢控制的父母来说，继续控制一个能够控制的孩子及孩子建立的新家庭，能让自己的控制范围更大。这是很多父母不肯退出孩子的生活的主要原因。

建立规则，消除权力的争夺

家庭中对权力的争夺，经常发生在规则不清的时候。一个存在激烈的权力争夺战的家庭，一定是一个成员之间缺少相处界限和规划的家庭。家庭成员之间，哪些事是谁的权力分属，哪些做法是越界，当这些没有被清晰地标注出来时，就会出现依靠强力、强势争夺权力的现象。

那么，如何建立规则？

1. 以退为进，变被动为主动

以上述案例来说，在沟通时，应尽量说对方认可的道理。我们之所以会发生争吵，是因为你说你觉得对的，我说我觉得对的。但这时，如果我拿我的道理讲给你听，你肯定不会接受。但是，如果我用你的道理去说服你，你多半会接受。所以，与案例中的婆婆沟通时，要说她自己也认可的道理。

比如，这位婆婆说"既然结婚了，就要担起这个家"，媳妇就可以借用这句话说："好，妈，我听您的。"然后当着婆婆的面，叫老公把家里的经济大权交出来，和老公说："咱妈说女人要当家，以后你的工资交给我管，家里的开销你都别操心，踏实工作赚钱就好。"当然，如果老公不配合，你就对婆婆说："妈，您看，我该怎么管他啊，您帮帮我！"

所以，在婆媳关系中，当一方发起主动进攻、争夺权力时，另一方不管是逃避还是被动接受，都是对界限的模糊。接招，并提出相应的主张，就是对规则的塑造。

2. 有话明说，不把意见憋在心里

在树立家庭规则方面，有位女士的做法值得借鉴。她一发现老公找碴儿是因为听了婆婆的抱怨，二话没说，就去和婆婆当面沟通。她和婆婆话说得透，沟通得很好。从那以后，婆婆再也没在背后对她说三道四。

这一招明智且厉害，在 3 个方面明确了相处规则。

第一，婆媳之间有意见，婆媳直接沟通，不要通过儿子（丈夫）这个第三环节，更不要利用这个环节扩散情绪，因为这不能解决问题。

第二，婆媳矛盾积累，与矛盾不能见光、双方都憋着有关。"光是允许对手与自己沟通就可以降低竞争和攻击水平，增加找到

令双方都满意的解决冲突的机会。"[1]仅仅是开诚布公地把不满情绪拿到桌面上公开讨论，就能消除部分怨气。家庭规则混乱，也和婆媳没有沟通意识、总是把力气用在维护母慈媳孝的表象上有关。其实，婆媳之间应该像任何人际关系一样，保持沟通意识，学习沟通技巧。

第三，当面沟通被称为最有效的减少冲突的原则。"这种让人们避开对手的方法违背了减少冲突的最有效原则——面对面交流。"[2]面对面交流在建立规则过程中最有效的部分，就是能让我们从关系的迷雾中显露，让对方更深入地了解自己的意见，并引起重视。

3. "先兵后礼"，树立规则意识

前面说的两种方法，相对来说是比较温和的做法。如果都不行，那就要采取相对强硬的方法。婆婆（儿媳妇）无理，老公（儿子）很怂，那么儿媳妇（婆婆）就要硬起来。当婆婆（儿媳妇）提出无理的要求时，你可以直接顶回去，气势上比婆婆（儿媳妇）更凶。人都有欺软怕硬的一面，当你的态度坚决时，婆婆（儿媳妇）也会收敛。

---

1 托马斯·吉洛维奇，等.社会心理学（第三版）[M].侯玉波，等译.北京：中国轻工业出版社，2016.

2 同上。

比如上面案例中这位儿媳妇，当婆婆为难自己时，先顶回去，再说不卑不亢的软话："您是长辈，我尊敬您。您爱您儿子，我也爱我老公。您要是想让这个家和和美美的，让您儿子省心地过，那咱们就互相尊重。"先兵后礼，对解决家庭矛盾非常有效，也不会让局面太难看。

"先兵后礼"的好处是，"先兵"一下子就能让对方产生规则意识，意识到双方之间存在一条相处的规则，不能由着自己的性子为所欲为；"后礼"则缓和了"先兵"的冲击，在感受到"先兵"的气势之后，对方更能接受"后礼"提出的要求。

第五节

好的婚姻是稳定的三角关系

好的婚姻是稳定的三角关系。这个三角，由妻子、丈夫和婆婆构成。经营婚姻，不仅是经营夫妻关系，还要经营婆媳关系，因为婆媳关系是夫妻关系的衍生部分。婆媳关系处理得不好，一定会影响婚姻的质量。

这个三角关系之所以常出问题、十分不稳定，主要原因在于，三角关系的特点会造成"多余人"的心理排斥。

谁是那个多余的人？对妈妈和儿子这对组合来说，妻子就是妈妈眼中多余的人。而从妻子的角度看去，硬插在夫妻之间的婆婆是婚姻中多余的人。因为对方挑战了自己原有的或希望的生活模式，才会产生"多余""碍事"这样的排斥心理。婆婆会觉得，儿子娶了媳妇之后，自己正被排挤出儿子的生活。媳妇受不了，两人为了爱而结婚，可二人世界中硬生生挤进了另一个人。

排斥、不接受，造成三角关系的底盘不稳。其中既有婆婆的排斥——排斥接受一个新人，排斥生活的改变；也有媳妇的排斥——排斥婆媳关系，拒绝将婆媳关系纳入婚姻关系；而作为丈夫和儿子的男人，也有自己的拒绝，拒绝按照新的角色调整自己的言行。

丈夫，接受婚姻中新角色的约束

三角关系中的核心男人，丈夫角色、儿子角色，分开扮演都很容易，无须太多技巧和自我约束。但当这两个角色合在一起，就有了第三个角色——既是婆媳关系的调停者，又是弥合者。这需要他做自觉的约束和协调。

有位男士私信对我说，自从父亲去世，他就和妻子商量把母亲接来同住。但母亲来了之后，生活就不平静了。有一次，他和妻子去买过冬的衣服，妻子给三口人都买了，就没提给他的母亲买。他心生不满，对妻子说："你就是不心疼我妈。"妻子竟然说："你可以自己给你妈买啊。"他拉下了脸。虽然妻子最后还是给他的母亲买了新衣服，但双方为此闹得很不愉快。

回到家，他的母亲责备他们不和她说一声就乱给她买，她不喜欢衣服的花色。妻子就说："你儿子非得给你买。"他揭露说："这花色可是你挑的，你给我妈买衣服一点都不上心。"听了这番话，妻子和老妈都不高兴了。

看完私信，我回复这位男士说："你这张嘴，真是唯恐天下不乱。她们婆媳之间的矛盾，就是被你生挑起来的。"为什么这么说呢？他完全没意识到生活中的第三个角色。他给妻子的感觉是只关心自己的母亲。在母亲面前，他嘴上没有把门的，想说啥说啥。他所站的位置，是婆媳关系的连接点，实际上，他排斥扮演这样连接的角色。

1. 抢着当好人，在母亲面前揭妻子的短

聪明的男人会将当好人的机会让给妻子，把做恶人的机会留给自己。妻子虽然没有第一时间主动提出给他的妈妈买衣服，但最后毕竟买了。当妈妈说不喜欢衣服的花色时，做老公的应该把责任揽过来，毕竟母亲对儿子犯的小错，是不会一直挑剔的。把恶人推给妻子做，不仅抹杀了妻子的孝心，还给婆媳关系投上了不信任的阴影。要是好人给妻子做，婆媳关系就有机会进入良性循环。

2. 把孝顺母亲的义务推到老婆身上是明显的思维误区

儿子想接母亲过来住，找妻子商量，而且妻子答应了，这说明妻子也是一个通情达理的人。但是关于孝顺母亲这件事，儿子是首要行动者。看到妻子买衣服时没有考虑自己的母亲，儿子可以和妻子商量"顺便也给咱妈买一件吧"，而不是拉黑脸责备她"不心疼我妈"。这样的言语把妻子推向了被谴责者的角色，妻子

难免心里不快。

3. 排斥约束，不懂得为婆媳关系树立边界

案例中的这位男士明显缺乏边界意识，并且在面对婆媳关系时，依然不想约束自己，不想在家庭中树立边界。他在父亲去世之后，和妻子商量接母亲同住，妻子同意了，但未见得他对妻子感恩。这里的边界体现在，孝顺彼此的父母是应该的；而作为夫妻，对对方父母的孝顺又是有度的。在传统思想中，孝敬老人、赡养老人是晚辈应尽的义务。但伴侣如果无法像自己一样孝顺生养自己的父母，也是正常的。毕竟，如果伴侣没有爱上你这个人，她和你的父母是没有任何关系的，情感上不存在交集。所以，如果伴侣能够对自己的父母行儿女孝心，是一件非常值得感恩的事情。这时，我们要看见并感谢对方的付出。

如果这位男士有这样的边界意识，他会很清楚妻子对自己家人所负的责任边界在哪里。如果妻子有超出界线的付出，他就应心存感恩。

总结来说，一个男人若要在婆媳关系中起到稳定作用，就要扮演好弥合者的角色，不该说的话不说，该承担的责任不能推卸。

接受婆媳关系，才能处好婆媳关系

将婚姻生活当作真空状态下的二人世界，将婆媳关系看作不可接受的干扰，这样的想法势必给日后的婆媳相处带来麻烦。

儿媳妇的不接受通常表现在两个方面。第一个不接受是不能接受将婆媳关系当作婚姻的一部分，所以将婆媳关系视为额外负担。这就奠定了负面的态度，在婆媳关系出现问题时，她就不愿意好好处理问题。第二个不接受是不接受婆婆这个人，她会有意识地与婆婆保持距离，并有意识地把婆婆排除在婚姻生活之外。

这反过来证明，为什么婆婆会让儿媳妇觉得她在硬挤进自己的婚姻。比如，要求儿子和儿媳妇带自己一起逛街。这是因为她感觉自己正被儿子的生活排除在外。甚至，有的婆婆会因此做出一些荒唐的举动，像一屁股坐在儿子和儿媳妇中间，故意把儿子和儿媳妇隔开。

1. 婆婆为什么会"入侵"儿媳妇的生活

怎么化解婆婆的"入侵"呢？心理学研究会给我们一些启示。对社会排斥的研究说明："社会排斥会激活人们的威胁防御系统……提高了发生攻击行为的可能性。"[1]

被他人排斥，既让我们伤心着愤，又让我们自我怀疑。我们不得不有所行动，以此保护自己。婆婆的"入侵"——硬挤进儿子的婚姻，对儿媳妇指手画脚，强行在小家庭中占据一个重要位置，有时正是对"被排斥，不被接受"的过激反应。它真正的诉求是"接受我"。

虽然不是所有的"入侵"和冒犯行为都是因自感被排斥引起的，但排斥引发攻击就能很好地解释婆婆的"入侵"行为。感到被儿媳妇排斥，对方有意地与自己保持心理距离，这会暗示婆婆，自己不好或者至少有让人嫌恶的表现，所以儿媳妇才躲着她。

2. 接受是化解婆媳冲突最好的方法

有时，儿媳妇会有被纠缠的感觉，因为婆婆四处寻隙和她发生关联。在婆婆看来，只要不被接受、不能证明自己是好的，这就是一个未完成事件。儿媳妇躲着她，只会火上浇油，这种行为和情绪对她而言更负面。前文讲过，面对面交流是减少冲突的有效原则。这是因为，面对面带有"接受"的含义：我愿意面对你，愿意和你进行深入的交流。

---

1 托马斯·吉洛维奇，等.社会心理学（第三版）[M].侯玉波，等译.北京：中国轻工业出版社，2016.

这一点和"距离产生美""保持边界和距离"并不矛盾。接受是心理上的接受，表现为你对和她相关的事不排斥，对与她这个人接触不排斥。她会感到你对她没有评判，更没有厌憎。这样，她的防御系统松弛了，入侵行为就会有效减弱。因为她已经被接受了。

稳定的三角关系，哪一方都不能有"黑洞"心理

三角关系的稳定，意味着无论哪一面的关系都不是失衡的。

有位女士结婚后一直住在婆婆家。有了孩子，也是婆婆帮着带。一家大小平日的吃穿用度，婆婆全包。后来，她觉得和婆婆住在一起，鸡毛蒜皮的事太多，就提出买房搬出去住。婆婆出了80万元的房款，但还有50万元贷款要小夫妻自己还。她感觉有压力，要求婆婆出全款。婆婆不同意，她就不满了，觉得婆婆分明是有钱不给。

她就像一个黑洞，进入黑洞范围的所有东西都想吸走。从婆婆的角度来说，她竭尽全力对儿媳妇的接纳毫无作用。因为在儿媳妇眼中，婆婆还有东西可以给付，还有东西可以吸走。这样，三角的失衡就出现了。

在这样的失衡状态下，一方的努力是没有用的。在另一方黑洞心理的作用下，彼此的关系一直在走向冲突的临界点。只有一方不断地让步，才能勉强维系关系。但这样的让步是有限度的。

到了让步的一方再也不能让步时，冲突就发生了。

所以，这个三角关系的平衡一定有赖于三方关系人的自我约束意识。一方在关系中有过分的行为，就容易引起连锁反应。

1. 无规矩不成方圆

在"黑洞"心理中，既有贪婪，也有规则意识的缺乏。不管是婆婆无限制地把手伸向儿子、儿媳妇的生活，还是儿媳妇想要全面接管婆婆的财产和地盘，都是内心缺乏规则、家庭关系缺乏规则的表现。规则的树立会有效提示家庭中的每个人："我们都需要自我约束。"

2. 相互尊重的三角关系最稳定

"黑洞"的特点就是将力所能及的一切都据归己有，表现出强烈的"吸入"，缺乏对"你"和"我"的分别，不知道"你"和"我"是不同的，是有各自权利的，自然也就不会尊重"你"和"你"的权利，很容易挑起纷争。

相互尊重的三角关系之所以稳定，是因为相互尊重从意图和行为上都让关系免于遭受频繁的纷争。

第四章

不忠：对爱的挥霍都要付出代价

第一节

隐秘的伤害：你以为自己拥有的就是爱情吗

乔治·库克（George Cukor）的电影《煤气灯下》对"煤气灯效应"有具体的呈现。该片描述一个男人为了除掉妻子、得到妻子的财产，通过刻意暗示的手段，营造妻子有病、记忆力不佳、有疯狂趋势的假象，并逐渐让妻子自己也对他的暗示信以为真，越来越不敢相信她自己真实的所见所闻，从而产生自我怀疑。

煤气灯效应在词条中的解释是：这是一种认知否定，通过虚假、片面的信息，欺骗、扭曲受害者眼中真实的世界，从而引发对方的自我质疑，达到操控对方的目的。

煤气灯效应，从瓦解你的认知和自我开始

影片中类似的操纵手段还有很多，在真实的亲密关系中，这种操纵有时甚至更不易觉察。

除了"让你开始怀疑自己"这一显著特点，煤气灯效应还有一个不易被觉察的特点：你虽然感到痛苦，但你并不确定自己是否受到了伤害，你开始把痛苦归因于自己。明明是对方的行为让你痛苦，但在逐渐混乱的认知下，你会以为这是自己造成的。那么，这种认知混乱会引起什么后果呢？

1. 瓦解认知

试想，深陷选择综合征的人有什么表现。当你不知道该怎么选择时，就拿不出有效方案，不知道该做什么。认知混乱也会使人产生同样的困扰，让人无法做出有效的行为，并失去管理自己的能力。

当一个人陷入认知混乱的状态时，他的行为也会陷入无助。因为行为失去了理性的决策和指导，没有了方向。这时，如果外界给予明确而强硬的行为建议，那么个体很容易服从。

2. 瓦解自我

一个人对其他人实施煤气灯效应的常用手段之一是否定性语言、表情或伤害性事件。尤其在亲密关系中，当个体非常在意爱人的主观评价时，这些手段很容易瓦解个体的意识，使其逐渐丧失独立的思维与认知。一个认知被瓦解的人为了寻得安全感，会对对方产生依赖，这样，被煤气灯效应影响的人，其守护自我的力量会被有效削弱。

"我很差劲"意味着"我"没有价值，因此对方比"我"更有判断力。"我"要听他的。

"我不重要"意味着"我"的痛苦不足以给"我"理由，也不足以让"我"奋起捍卫自己。

对我们而言，作为重要他人的伴侣是我们认识自己、评价自己甚至塑造自己的重要参照。因此，他选取了什么样的事件，事实上都不是最重要的，重要的是他的态度。如果伴侣蓄意传递否定的态度，哪怕只通过一个微不足道的角度，也可能对我们造成伤害。

为什么会产生煤气灯效应

心理学上有一个广为人知的依恋类型——焦虑型依恋。有这种依恋类型的人表现为害怕被抛弃，不确定自己是否值得被爱，于是会在感情中表现得患得患失、敏感多疑，甚至无理取闹。

对于焦虑型依恋的分析，经常需要追溯到一个人的童年。**如果一个人在童年期被抛弃的恐惧包围，那么当他进入亲密关系时，这种被抛弃的恐惧就会以羞耻感、孤独感、嫉妒感或焦虑感的形式表现出来。**因此，很多焦虑型依恋的伴侣会在爱人面前表现出像小孩子一样的反常行为，比如爱哭闹、多疑。一个有焦虑型依恋的人进入亲密关系，对方的一些操纵行为就有可能使其被抛弃的恐惧感加速显化。

1. 失去的恐惧让人变得可操控

一个焦虑型依恋的人，因为担心自己被情侣抛弃，所以会过分在意伴侣的批评和意见。为了不被抛弃，他会放弃自己的判断，主动迎合操纵者的要求。

可怕的是，操纵者可以通过煤气灯效应人为地炮制焦虑型依恋。

2. 创伤依赖：有他在，我就有安全感

影片中的宝拉因姨妈被谋杀而产生了心理创伤。在和丈夫相恋后，她说："有你在，我就不怕了。"她就像丈夫的反射镜，丈夫笑，她就笑；丈夫表情凝重，她就紧张。丈夫就像她生命养料的输送管道，输送给她阳光，她就灿烂；投下阴霾，她就忧郁。之所以产生煤气灯效应，是因为宝拉有创伤，创伤使她没有安全感、渴望得到安全感，因此，她对于触手可及的爱十分珍惜。

在这里，"创伤"是泛指，不仅包括通常而言的心理创伤，还包括失败的经历、严重引发自我怀疑的心理感受。这些经历造成的后果就是缺乏自信，受创者必须找人依靠。只有将自己嫁接到这个人身上，他才能感受到信心和安全感，而这些都是他过去所

欠缺的。因此，对方的判断就是自己的判断，对方给予否定意味着自己将失去对方给予的安全感。

怎样避免煤气灯效应

在煤气灯效应之下，一个人的认知混乱很少是因为纯粹的认知不清引起的。也就是说，正常情况下，他们完全有分辨力和判断力，之所以被煤气灯效应控制，是因为"害怕被抛弃"的恐惧损害了自己的判断力。他们削足适履，硬要从操纵者的话中找到道理，并说服自己相信操纵者的话。为了减轻自己的压力，他们还一再压缩自己的底线，欺骗自己。

很多女人就是这样的。老公挣的钱都交给了婆婆，她明明很压抑，却听到婆婆说："儿子，你挣的钱千万别交给媳妇。给了媳妇，你想要的时候根本要不出来。"此时，她一面可怜自己，一面又劝自己："钱不是万能的，只要老公对我好就行。"但老公对她好吗？向老公要钱不仅像挤牙膏那样费劲，还被老公骂她乱花钱。

煤气灯效应之所以能得逞，是因为被操控者一再压缩自己以适应操控者的操控、逃避"被抛弃"的命运。

1. 对"失去"的脱敏想象

若你发觉自己对"失去"充满焦虑，担心失去对方后自己将不再安全、无法生活，这时不妨克制自己，克制自己的不安，通过想象这个让自己焦虑的情境，逐渐积聚面对它的能力。虽然只是在想象中面对，但起码你不再回避它。这让你有机会看清它到底可怕在哪里、是什么让你觉得一旦失去伴侣自己就无法生活。通过想象这种"失去"的场景，想象你在这种情况下可以做什么、有什么应对措施，你面对的信心不仅可以增强，你的积极信念还可以得到强化。

"脱敏疗法"的精义在于，通过暴露导致焦虑、恐惧的情境，你可以一步步增强对它的承受力。这样，当真实的情境摆在你的面前时，你就不会再有那么强烈的"过敏"反应了。

2. 强化你的"可控力"

马丁·塞利格曼在《习得性无助》中描述了一个实验。研究者通过这个实验发现，被圈养的狗因为依赖人为提供的食物和水，相比在野外自然环境中生存的狗来说，几乎体验不到控制感，因此在电击试验中表现出更多的无助感。自然环境中生存的狗在接受四轮不可逃脱电击后才会无助，而圈养狗接受了两轮就会变得无助。这说明可控的经验有多么重要，这会形成可控的预期。就算真的面对不可控情境时，动物的本能促使其不会轻易放弃对争取"控制"的努力。

被煤气灯效应俘获与轻易放弃"控制"有关。人的安全感是通过别人获得的，人的喜怒哀乐是由别人决定的，这虽然得来容易，却让人失去控制能力，也越发容易无助。如果一个人能从生活的点点滴滴做起，有意识地增强自己的控制力，积累可控的经验，那么即使面对"失去"的威胁，也不会轻易感到无助，不会向煤气灯效应低头。

第二节

出轨的五大心理原因

婚内出轨是现代婚姻问题的一个弱化表述。在日常生活中，大家对这一关系行为表述更常采用的是"偷情"这个词。它更能展现这一关系行为的内蕴。"偷情"指出了出轨行为的两大吸引力，第一个是"偷"，可以带来刺激感；第二个是"情"，可以带来情感上的愉悦享受。用这两点来思考婚姻，我们或许能够归纳存在出轨行为的婚姻的特点：对个体来说，婚姻关系缺乏刺激感，少了激情的成分，而这正是维系幸福关系的一大要素；此外，婚姻关系缺少"情感连接"，关系的两大主体之间或许并非完全不爱了，而是把心思埋在了柴米油盐、生儿育女中，忘却了沟通的必要，缺少了经营关系的用心。

人的心理能量是有限的，当枯燥的生活日常占据了大部分的心理能量后，人就没有心力去制造并享受单纯的情感交流带来的愉悦感了。如果这时一个人投入另外一段关系中的心理能量只用于谈情说爱、感受亲密，无须顾及更多物质层面的事项，那对于原本凌乱无序的婚姻生活是一剂非常猛烈的毒药。

追求快感，是一个人出轨的根本动力。在咨询中，我们发现很多出轨案例原因各不相同，有的因为家庭关系本身存在问题，有的因为生活太乏味平淡，有的因为物质生活的改善而自我膨胀，还有的仅仅是为了刺激伴侣……不管形式如何，出轨行为的根本动力都在于寻求快感，具体表现在满足愉悦感、被重视、自我价值、自信心补偿、寻找激情等心理需要。

寻求愉悦，对抗婚姻的枯燥

我们经常发现生活中有一种特别无法理解的出轨现象：一个人的出轨对象，无论相貌、学历还是能力都比不上自己的伴侣，他为什么会选择这样的出轨对象呢？

一位已婚女士，30岁出头，在一家上市公司负责人力资源工作，丈夫是位大学教授。她一直对自己要求很高，练就一身"上得厅堂，下得厨房"的本领，自认是很优秀、很合格的妻子，也足够配得上丈夫。可是，让她十分不理解的是，丈夫竟然出轨了！更想不到的是，丈夫出轨的对象是一名普普通通的女人，各方面条件都和她差远了。她在咨询时说过这样的话："他偷吃也找个比我好点的，我至少也服气啊，为啥找一个那样的？"

一个人在谈婚论嫁时会考量很多因素，物质的、精神的、家族的、学历的，等等。但是，一个人在出轨时，绝对不会非常理性地衡量双方是否"门当户对"，只要对方有一个因素满足了自己的一个需求，就容易达成出轨关系。案例中的这位女士，觉得自己是"更优秀"的女人，主要体现在社会层面和功能层面。社会层面，她的职业更光鲜，收入更高，身份更体面；功能层面，她既能为家人洗手做羹汤，也能陪丈夫成双入对，发挥一个"好妻子"角色所应该有的功能性。可是，她忽略了在情感层面对自我行为的评价。她与丈夫的婚姻关系，去掉社会层面和功能层面的匹配，剩下的内核是坚实的吗？两个人拥有双向奔赴的情感吗？在与她的婚姻关系里，她的丈夫可能并没有体验到轻松的愉悦感。

　　合适的婚姻未必是幸福的，枯燥的婚姻一定是不幸福的。在客观因素上足够自信的人，在谈婚论嫁时，很容易把注意力放在对方相同因素的审判上。比如某人拥有高学历，他在找伴侣时会不自觉地在意对方的学历；一个家境殷实的人，会自然而然地问询对方的家庭背景。这就导致客观层面条件优秀的人，最终选择的伴侣也一定会在客观层面上十分优秀。这种婚姻的一个很重要的问题在于，双方在结合时只看到表面的繁华和光鲜，忽视了性格、脾气、沟通风格、情绪风格等因素。而这些才是两个人日后并肩同行的家庭资本。如果两个人都无法从婚姻中获得情感抚慰，享受到愉悦感，那么他们的婚姻很容易出问题。

　　案例中的丈夫之所以会出轨一个普通的女人，是因为一个方方面面都活得像模板的妻子，给他的感觉是单一的、死板的，两个人的关系少了活力和自在。丈夫对情趣和愉悦的需求没有被关注和满足。因此，在看似幸福实则枯燥的矛盾状态下，丈夫选择了其他精神栖息地。

寻求赞赏，重新感受自己的魅力

一个人在枯燥乏味的婚姻中，不仅会厌倦爱人，厌倦一成不变的相处模式，甚至对自己都会感到厌倦。曾经在亲密关系中激起爱意的魅力，因为熟悉，已经失去新意和表现欲望，再也发挥不了"激发"的作用。同时，总是和一个特定的人相处，魅力的表现容易是特定的一面。比如，你在爱人面前总是很可爱，但其实你还有很飒的一面得不到展现。

而出轨对象能满足出轨者两方面的需求：一是翻新被出轨者已经有了陈旧感的魅力；二是释放被出轨者得不到发挥的魅力。哪怕出轨对象的条件远远比不上出轨者自己的爱人（被出轨者），但出轨者能以崭新的眼光赞赏自己，这就够了。这种崭新的赞赏眼光，是久已不见的。多数吵闹的婚姻中，被强调、被凸显的都是缺点，出轨者只会觉得自己很差劲，都快忘了自己还是有魅力的、能吸引人的。与"新人"交往会唤醒出轨者对自己魅力的意识，重新感到自己熠熠生辉。更何况，在一个有着不同性格的对象面前，出轨者未曾发挥的魅力，终于有机会派上用场。

1. 重新得到积极的关注

被关注会给我们带来动力。单是感觉旁边有人在看着我们，我们做事就会更起劲儿。但在漫长的婚姻中，夫妻双方已经很少能感受到来自伴侣的关注了，就算有关注，也不是积极的关注，不是能带给彼此积极感受和"高期望塑造"的关注。被关注的要么是彼此的缺点，要么是功能性关注，比如"你回家洗手了吗"；而出轨对象给予的关注，包含更多的赞赏，比如"你很聪明""很能干"，这样能促进出轨者对积极感受的关注。

2. 挣脱了一种固有模式

夫妻间的互动，时间长了难免模式化。就连魅力的展示，都难免受到模式化的影响。模式化既让人舒服，又让人深受束缚。比如，有的男人习惯于在妻子面前充当一个生活不能自理、处处需要伺候的老爷们儿，其实他也有绅士风度，有乐意付出的一面。在其他人面前，他被束缚的一面得以表现，甚至会得到赞赏，这使他收获一种深度的心理满足。

寻求慰藉，安抚生活的失落

人们容易在生活失意、情感匮乏时选择出轨，以求获得心灵上的丝丝安慰。

有位男士，妻子的收入是他的 5 倍。按说，妻子挑起养家的重担，他应该很知足，但他还是选择和其他女人暧昧。这让他的妻子很崩溃，百思不得其解。

对这位男士来说，他每天工作之余照顾家庭和孩子，妻子太忙无暇和他交流，他因此感到很寂寞。甚至他一亲近妻子，她都很烦，以工作忙、压力大为由拒绝他，这让他很失落。另外，妻子多少也有些瞧不起他。当他劝妻子换个清闲工作时，妻子反唇相讥："我要是和你一样清闲不挣钱，咱家吃什么？"虽然妻子一心为了家庭幸福而奋斗，但这话就像利剑一样直戳痛点，对他的男性尊严产生了巨大的打击。

1. 寻求价值的慰藉

在婚姻中，我们很容易忘记对方的优点，忘记当初看中他的条件。对方的缺点反倒是越来越突出，越来越让人不能忍受。最后，对方在我们眼中简直成了一无是处的人。他的优点已经被忽略，他所做的一切，因为我们习以为常，于是认为这些事不再具有任何价值。但对方并不是真的一无是处，他会想要换个角度，从另一个人那里获得欣赏和肯定，重新感受自我价值。

2. 寻求情感的慰藉

我们常说，爱是婚姻的必需品，性是婚姻的保养品。性对很多夫妻来说特别重要。在上述案例中，作为爱人，妻子摆出一副性致不高的样子，甚至丈夫一碰她，她就烦，这样，丈夫的信心就会受到伤害。他会怀疑自己缺乏男人的尊严和魅力，认为妻子看不起他、不需要他。

所以，丈夫的出轨其实是想在另一个人那里重新感受到"被需要"。不一定要有实质性的出轨行为，单是有人表示对他有兴趣，就足以给其安慰。

寻求补偿，对自卑和信心的弥补

有的人不断出轨，是因为自觉魅力无限，想要在出轨中重复享受自身魅力。还有人出轨的原因恰好相反，正是因为魅力匮乏而自卑，才想要通过出轨证明自己。

1. 对自尊的补偿

对有的人来说，出轨最大的魅力是征服。因为征服能极大地提高自尊，尤其是当他自尊不足的时候。出轨者可以通过征服一个人的感情取得支配权，体验到优越感。它的实质是自卑感的转嫁。就像有人通过伤害比自己弱小的人，发泄和转移自身受到的伤害，实现挫折补偿。出轨者也通过感情的征服，实现自尊补偿。

当我们深感自卑、价值感不足时，我们一方面会比他人渴求更多的爱；另一方面，出轨（征服）以赢得他人的爱慕，本身就是优越的证明。通过出轨（征服），被虏获的爱慕者臣服于脚下，垫高了出轨者的自尊。

2. 对信心的补偿

自卑，往往会让人对自己充满疑虑，感受到信心不足带来的脆弱。虽然那些令人自卑的客观因素，如外貌、收入，并不会因为出轨就有所改变。样貌、收入与出轨前一般无二。出轨者只是能在出轨中获得其他方面的信心补偿。

在"再一次被接受"中，出轨者感觉到其他人打量他的崭新目光。在崭新的目光中，那些婚姻中被忽视、被低估的优点，都会被拿出来重新评估，并有机会大放异彩，让出轨者再一次不费吹灰之力就重新感受到"我很优秀，并富有魅力"。这会有效转移他对自己缺点的关注。并且，对出轨者来说，"再一次被接受"本身就是对信心的鼓舞，证明他有能力赢得人心。他人的爱慕不就是间接的证明吗？

寻求刺激，逃避无趣

寻求刺激，也许是出轨最常见的原因。随着夫妻二人日益熟悉，情爱的重复再也唤不起当初的感觉。不仅刺激的阈值越来越高，彼此也越来越不满足，最终，新鲜被熟悉替代，刺激变作乏味。

出轨能给予出轨者两方面的刺激满足：一是重新唤起和体验情爱给予身心的刺激；二是在无趣的生活中获得必要的兴奋感。

心理大师弗洛姆在《人类的破坏性剖析》[1]中对无趣和兴奋有着精辟的解析。费洛姆认为，我们在生活中对兴奋有着某个最低量的需求。也许"兴奋"在此可以理解为，在生活中，我们总是需要盼望点什么、记挂点什么，并因为某人、某事的存在而感到一丝丝激动和快乐。这可以让我们有效对抗生活中不可忍受的单调无趣。

一般而言，出轨具备两个特点：第一，出轨属于弗洛姆所定义的"单纯刺激"，刺激阈值需要一再攀升，但刺激强度随之减弱；第二，因为单纯刺激不像启发性刺激（主动、总是在变、总是新的），它仍然具有像看电视一样被动享受的特点。所以，在入手的时候，它是容易的。简言之，"这是一种容易获得的刺激，也是不容易长久满足的刺激。"

当我们感到寂寞难耐时，有的人可能会依赖游戏、影视剧，

---

1 埃里希·弗洛姆.人类的破坏性解析 [M].李穆，等译.北京：世界图书出版公司，2014.

也有人会依赖出轨，从中获得那一点兴奋。他们就像踩着一块块垫脚石跳过生活中的无趣。但在这个过程中，他们需要付出巨大的代价。

为了避免出轨行为，我们需要学着进行内部建设，在启发性的刺激中战胜生活的无趣。

第三节

为何爱人屡屡出轨，却不想离婚

因为离婚涉及财产分割、子女抚养和家庭重组，麻烦重重。因此，有些出轨者出于现实考量，不会选择离婚。有些被出轨者，虽然受到伤害，也出于同样的现实原因或心理需求，选择和出轨者继续生活在一起。具体原因涉及以下 4 种。

社会角色依恋

有时，我们不仅习惯了我们的婚姻身份，比如某某的丈夫（妻子），还会对这种身份形成依恋。因为它并不只是个称谓，还代表感情、资源和一整套与之相对应的生活模式。离开这个角色，意味着离开真正的舒适区，意味着带给我们安全感的那套熟悉的模式将被打碎，需要我们重新摸索和适应。在这个过程中，我们会面临焦虑、不安全感的威胁。

社会角色依恋，有点类似路径依赖，都是对某种固定的、习惯的生活或行为方式有所依赖。因为害怕失去这种角色赋予的安全感，因此只要还有将就的希望，被出轨者就会因依恋这个社会角色，忍气吞声，不愿意离婚。

沉没成本，不变化比变化的损失小

有些妻子，虽然丈夫出轨了，但想到自己对这个家十几年的付出，怎能轻易放弃？她舍不得已经投入的时间和精力。虽然丈夫出轨让她感到痛苦，但和离婚将要遭受的损失——投入的一切都将付之东流相比，她宁可在破损的婚姻中继续投入。

有个概念叫作"沉没成本"，描述的正是这种心理："不愿意'浪费'先前投入的心理会使人们继续坚持，无论这是否符合未来利益，因为他们已经投入了时间、金钱和精力。"在这种心理的驱使下，一个人遭受损失时，非但不会及时止损，反而会为了挽回损失而追加投入。

精神寄托转移

遭遇爱人出轨，不是所有人都会选择通过离婚获得解脱。有时，被出轨者会将精力转移到养育孩子、认真工作上，以此建立新的精神寄托。有了新的寄托，就好像完成了一次心理上的"离婚"。虽然被出轨者与出轨者在法律上还是夫妻，但从心理上已经疏远了这个人。

他做过的事、带给自己的伤害都通过心理"离婚"，在自己的生活中被隔开了。虽然生活在一起，但这个人对自己已经没有那么重要了。感情上的疏远，也淡化了出轨的影响。这个人都不重要了，他做过的事又有什么关系呢。

因为爱，选择认知盲视

在有的出轨案例中，被出轨者想方设法为出轨者开脱。他宁可将爱人的出轨当作一时糊涂，也不愿意正视现实，相信问题出在爱人身上。哪怕证据就摆在面前，他还是选择无视，咬定"他最爱的是我"。

当我们对伴侣还怀有感情，不愿意轻易放手时，我们就会选择认知盲视。只有这样，我们才不必做出艰难的选择。一方面是伴侣出轨，似乎应该放手；另一方面出于感情和留恋，又不舍得放手。认知盲视，让我们强调伴侣可原谅的因素，忽略不可原谅的因素，将我们因为爱选择的原谅合理化。

第四节

精神出轨比肉体出轨还要可怕

在亲密关系中，伤人的不仅有身体行为出轨，还有精神出轨。遇到这种情况，当事人难免困惑，对方没有实质性出轨，我到底该不该计较，该不该原谅？为什么我还是感到很不舒服？

精神出轨，如果完全无迹可寻，是一个人背着爱人陷入婚外单恋或幻想，别人根本无从发现，这种行为也许并不具有严重的杀伤力。问题在于，精神出轨是有迹可循的，它表现在出轨者的态度中，虽然难以量化和取证，却能给人造成实质性的情感伤害。

有位女士，周末和朋友游玩的时候，大家建了一个微信群。不知道什么时候，她的丈夫和她的闺密通过这个群互加了微信。她是在玩老公手机时偶然刷到闺密的微信动态才知道这件事的。令她不满的是，这条动态她不可见。她的丈夫向她解释说，他们处在同一行业，加微信是为了方便资源互换。但是她点开他们的聊天记录发现，他们虽然确实聊过工作，但也有日常闲聊。这就让人不舒服了。

但要认真计较，他们又没干什么触及底线的事，倒显得她多心敏感，小题大做。但要是不计较，她又很不甘心。总觉得，如果真是为了资源互换，她的闺密完全可以大大方方地通过她添加她丈夫的微信。她的丈夫也完全没必要和她的闺密聊些"吃了吗""吃了啥"这样亲密的小话题。她不知道自己应该怎么办，但她确确实实感到自己的情感受到了伤害。

精神出轨带来的情感伤害

什么是情感伤害？简单理解就是，一个人通过辱骂、背叛、吵架、冷战等行为，让另一个人产生愤怒、恐惧、焦虑、沮丧、悲伤、抑郁、绝望等不良情感。给别人造成了精神上的痛苦，这就是情感伤害。情感伤害属于精神伤害的范畴，严重点说，《中华人民共和国民法典》里有关于赔偿精神损失费的规定：侵害自然人人身权益造成严重精神损害的，被侵权人有权请求精神损害赔偿。这就是给受到严重情感伤害的人的一种补偿。比如，你的老公和其他女人暧昧聊天，让你感到痛苦，你产生了自我怀疑，当你产生这些感觉时，说明他对你的情感造成了伤害。

情感伤害对一个人的影响有时超乎想象。**情感伤害不流血、不留疤，好像没那么严重，但从心理上讲，实施情感伤害的人，像是在别人心口上动刀子。**这种痛是痛彻心扉、让人无法承受的。

比如上述案例中的这位女士，她会在丈夫态度的越界中感受到一种背叛的企图，在闺密看似无心的举动中感受到不良的居心。更重要的是，她会质疑从前相爱的美好，甚至失去对未来幸福生活的信仰和向往。

1. 出轨的是态度，让你抓不住把柄

情侣间最常见的吵架内容、最难算清的账之一，就是争论有一方是不是在和别人搞暧昧（精神出轨）。因为这种不忠藏在态度中，能感觉到，却又很难描述。所以争吵就会变成这样。

出轨者："我怎么了？我们只是朋友。朋友找我帮忙而已，我帮帮怎么了？"

被出轨者："她就你一个朋友啊，她为什么不找别人帮忙？"

出轨者："人家都找到我了，我能不帮吗？"

被出轨者："你为什么就不能拒绝呢？"

被出轨者虽然吵很久，但难以拿出切实的证据让出轨者心服口服，但直觉告诉他，自己被伤害了。伤害他的难以名状的东西，其实是"出轨的态度"。态度不是一种模糊的情绪状态，它包括3种成分：情感、认知和行为倾向。有人"态度出轨"，让伴侣感受到不明所以的压抑和受伤，是因为态度出轨中既有情感成分的出轨（不在乎你的感受），也有认知成分的出轨（我们就是一般朋友），还有行为倾向的出轨（突破界限、私加微信、私自聊天）。

这 3 种成分的出轨加在一起，自然会让人愤怒和焦虑。

2. 不被承认的伤害，会造成二次伤害

精神伤害，因为难以抓住把柄，所以出轨者可以拒不承认。不承认自己有错、出轨，也就不承认被出轨者受到了伤害，出轨者就不会予以感情补偿，也不会有所收敛。这会引出一系列问题。

首先，既然被出轨者指不出证据，那么出轨者就不必收敛出轨行为，可以继续明着精神出轨，让被出轨者每天都面对这闹心的局面，又无计可施。这自然会使人焦虑，因为威胁明明摆在眼前，它发展的趋势也一目了然，但就是没办法阻止。

其次，没有证据，出轨者就有了狡辩的机会。他可以将这一点作为保护色，拒不面对问题，更不会就怎么解决问题进行沟通。最糟的是，被出轨者连起码的道歉都得不到。因为出轨者想的都是怎么为自己的行为狡辩，所以，会故意对被出轨者的感受采取视而不见或有意歪曲的策略，连一点点情感补偿都不愿意付出。这会对被出轨者造成二次伤害。

最后，精神出轨的性质，往往让人无法证明自己受到的伤害的正当性。是因为对方出轨而受到了伤害，还是因为自己小气多心或无理取闹，自感受到了伤害？在这一点上，看法更有弹性，而不是像身体行为出轨那样，大家标准一致。这会给被出轨者造成不可见的二次伤害。明明是出轨者的错，却因为精神出轨的隐

蔽特性，责任被推到了被出轨者身上。

容易伪装的精神出轨，不容易被切断

精神出轨不像身体行为出轨，有不可否认的证据，所以它更有蒙蔽性，更有利于伪装。因为没有明确的衡量标准，所以精神出轨者可以理直气壮，可以自欺欺人。俗话说，"你永远叫不醒一个装睡的人"。如果他打定主意拒绝认识问题，这比认识不到问题还要糟。因为他会有意地躲避问题，为自己辩解，并为继续沉溺找到理由。

如果是身体行为出轨，那么他自己否认不了，就可能产生内疚感，并在"不得不面对自己的错误"的情况下，有意识地修正自己的行为，维护夫妻关系。与之相比，精神出轨具有以下不同：第一，出轨者可以否认伤害了被出轨者；第二，出轨者不承认自己的行为有不当之处；第三，出轨者认为自己的行为对彼此的关系没有影响；第四，精神出轨发生在出轨者内心，这让他无法从外界获得正确的参照。因此，他也就无法在外界信息的参照下，及时明确自己行为的性质和精神出轨的原因，所以会一直深陷其中。

有位男士说，他总是忘不了前女友。虽然结婚 1 年了，可他还是觉得，前女友才是他最爱的女人。他和前女友在一起生活了6 年，他每天给她做精致的早餐。要不是她的父母反对，他们早就结婚了。现在，他和前女友已经分手两年多了，他对前女友的记忆反而越来越清晰。他偷偷关注了她的微博，每次想她，就去看看她发的动态。知道她一直单身，他很开心。虽然他知道自己这么做是不对的，但他就是忘不了她。

案例中的这位男士其实挺享受他的内心戏和精神出轨的。这一切在他心中偷偷进行，没有人指出他的行为的不妥之处。他或许还以为"忘不了"是自己痴情的表现。其实他所谓的"总是忘不了前女友"，不过是陷入了思维怪圈："如果当初……就好了。"

1. 反刍思考

在心理学上，有个词叫"反刍思考"。反刍，就是像牛一样，把已经吃进胃里的东西一遍遍吐出来咀嚼回味。**反刍思考，是指一个人总是把过去的事拿出来一遍遍回忆。**比如案例中的这位男士经常想："如果当初她父母不反对就好了，那样我和她就能在一起了。"正是这一遍又一遍不甘心的回忆，导致他怎么也忘不了前女友。

2. 强化记忆链接

精神出轨藏在心里，会让出轨者发现不了自己行为上的问题。像偷偷关注对方的微博，其实就强化了记忆链接，形成心理暗示。

我们回想一下上学时背课文，怎么才能把课文背下来呢？肯定需要一遍一遍地读，读得多了，自然就背下来了。即使过了一段时间忘了，再拿出书来看一遍，就又回忆起来了。同理，关注前女友的微博，时不时地拿出来看看，这就是一种反复强化。看一次，强化一次她在他心中的分量。长此以往，他会形成一种心理暗示：我就是忘不了她。

这就是精神出轨的棘手之处，人们会有意无意地给实情冠以别的名称："我忘不了他""我们就是普通朋友"。因此，人们很难面对和解决真正的问题。

只有了解了这些表面现象背后真正的心理机制，我们才能对症下药，切断类似的精神出轨行为。具体方法如下。

第一，运用心理暗示法。每次想到前任，告诉自己"我只是想起了她，不是想她了"。

第二，运用事件转移法。让人停止某个思绪的最佳办法就是转移自己的注意力。把想出轨对象的时间用来想想眼前的事，这些都有助于我们从过去的情绪中走出来。

精神出轨对关系的慢性毒害

有的情侣一年到头总在吵架，原因就是其中一方和异性走得太近，另一方明明感到对方有精神出轨的迹象，却苦于没有证据，所以无法迫使对方承认和改正。但在这个追、逃、指责和反驳的相处过程中，彼此的关系和感情会不留痕迹地被慢慢扼杀。

"我们之间没有发生什么，就是性格合不来。"这句话掩盖了感情不和的真正原因。

精神出轨对关系的慢性扼杀，可以归为以下 4 点。

1. 精神出轨，意味着心走了

当一个人心不在的时候，他与伴侣之间的矛盾就会变多。首先，有心是什么？有心是关注，是欣赏，是关心，是热情，是回应。当出轨者把他的心献给精神出轨的对象时，他还哪里有心关心你、欣赏你、给予你热情的回应呢？

2. 理想对象，一种有害的对比

虽然只是精神出轨，但出轨者心中依然存在一个理想对象的形象。这个理想对象必然会和他眼前的被出轨者形成对比。而对比会产生对被出轨者不利的结果，被出轨者的缺点会在对比中被放大，出轨者会因为被出轨者和理想对象存在差距而对被出轨者吹毛求疵。

3. 自私被有效地掩盖了

亲密关系的功课之一，是要慢慢学会放下彼此的自私，真正合而为一。但因为精神出轨难以找到证据，所以精神出轨者自私的一面就被很好地掩盖了。于是，自私的问题不能被有效、及时地对待，它们会继续伤害关系。

4. 有了新的精神寄托，不再珍视关系

精神出轨，也可以作为一种精神寄托。当出轨者有了新的情感寄托，自然就不再那么珍视原来的关系。所谓"不再珍视"，包括不介意彼此发生矛盾、有了矛盾也懒得维护、推卸责任。这就会让亲密关系陷入莫名其妙争吵不休的状态，被出轨者却又找不到问题的根源。

精神出轨在某种程度上带有消耗的性质。只有认清它慢性的杀伤力，才能有效防止滋生危险思想：反正我没有实质性出轨，不会对关系产生影响。

第五节

假如还能重来：如何处理对方的背叛

对很多人而言，背叛家庭是婚姻关系的底线，只要伴侣出轨，就会果断选择结束婚姻。但在现实生活中，有些人考虑到各种各样的因素，选择挽救家庭，修复婚姻。如果你恰好属于后者，那么本节内容可以给你一些指导性建议。同时，当你不得不选择结束一段婚姻的时候，也能理智、从容地争取到自己应得的权益。

遭遇背叛的错误处理方式及后果

当得知自己的爱人出轨时，我们也许会因为愤怒和伤痛而失去理智。

当陈女士得知自己的丈夫不仅有了外遇，还给对方在自己家的同一个小区买了房子时，她立刻没了主意，先是跑去告诉公婆，公婆说管不了，她又告诉闺密。闺密二话不说就带着她闹到了丈夫的工作单位。她的丈夫是公司高管，被她这样一闹，很难收场。

她的丈夫恼羞成怒地撂下一句话："离婚！"但是陈女士的本意是不想离婚，她只是想让丈夫认错。

跑去告诉公婆，本想让公婆帮自己敲打丈夫，让他悬崖勒马；找闺密求助，是为了发泄情绪，并从闺密那里讨个主意。但陈女士想不到的是，在处理的过程中，一切并没按照她预想的方向发展。丈夫非但没有低头认错，还提出离婚。

1. 想要施加压力，却不小心扩大了负面影响

有的人遭遇爱人出轨，第一反应就是找外援，比如找爱人的父母、亲戚、朋友，到处倾诉。其本意是想借助亲情给爱人施加影响和压力，让他认识到自己的错误，迷途知返。但有时适得其反，爱人知道自己的隐私被揭露，恰好以此为借口，将原本的羞愧内疚转变成对对方的恨。

想要通过亲朋好友对爱人施加压力，促使他反思，这一办法奏效的前提是他的亲朋好友帮理不帮亲。只有亲朋好友是站在理（你）这边的，你才能借助他们对爱人的影响力，让他听懂道理。而如果他的亲朋好友是帮亲不帮理的，你非但借不上东风，你的四处倾诉还会扩大负面影响。这些负面影响只会让他恨你，加大彼此嫌隙，反而达不到让他反躬自省的效果。

2. 撕破面子，不留和好的余地

爱人出轨，的确会让人急火攻心，失去理智。但最怕的是真的失去理智，只图一时之快，明明不想离婚，却和爱人撕破脸面，反而亲手帮他下定离婚的决心。

很多人出轨，起初并不是真想离婚，甚至有的人在被揭穿之后还心存愧疚，乞求伴侣原谅。所以，如果你从一开始就不打算离婚，就要把握好分寸，趁热打铁地接过这份愧疚。愧疚并不是让人愉快的感受，如果机会允许，愧疚之人很乐意把它甩掉。

有位女士的丈夫做了对不起她的事，刚开始丈夫一直感到内疚，乞求她的原谅，但她就是不原谅，并赌气分房睡。她的本意是让丈夫知道她受的伤害有多深，让丈夫加倍哄她。但她最后等来的却是离婚。心理学上有一个"等待效应"，是指"由于人们对某事的等待而产生态度、行为等方面的变化"。丈夫在等她原谅的过程中，感情已经发生了变化。这说明，等待有等待的限度，超过了这个限度，态度就可能发生变化。

愧疚也有愧疚的限度，本来占理的一方发作得太过分，完全不给对方留余地，其实也就突破了对方愧疚的限度，对方的态度也会发生变化。撕破脸，反而会帮他摆脱愧疚，下定离婚的决心。

遭遇背叛，先搞清自己的目标是什么

遭遇背叛，首先需要想清楚的是自己想不想离婚、有没有能力离婚。因为离婚有离婚的处理方式，不离婚有不离婚的处理方式。

很多人在处理这个问题时，行为和目标是分离的。一方面，思想上想要挽回，不想离婚；另一方面，又咽不下这口气，做出加剧分手的行为。此时，"不想离婚"只是一个泛泛的愿望，而不是"我要为之努力"的目标。

这就很像"我想找份好工作，我想挣很多钱"和"我的目标是找份好工作，挣很多钱"之间的差别。前者可以只是随便想想，不需要付出心力。后者却需要清醒地思考，包括目标具体是什么、实现的条件是什么、需要付出哪些努力。

1. 要不要离婚，首先要权衡轻重

爱人出轨后，你要不要离婚，可以从以下几个维度思考。

（1）你们之间的感情基础如何，是否有爱。

（2）对方是否有严重的问题，比如出轨成瘾、家暴不断、嗜酒等不良嗜好，或者有反社会型人格障碍、偏执型人格障碍等心理或精神问题。

（3）假如没有出轨这件事，你会不会离婚。

（4）个人及子女的情况，你们在当下这个阶段更需要什么。

（5）考虑离婚的后果，两害相权取其轻。

（6）对你来说，最重要的是什么，如果你不想离婚，最主要的原因是什么。

权衡之后，你会更清楚自己不愿意离婚的原因。清楚原因之后，你才能让一个模糊的意愿变得清晰，更具可行性。

2. 将空泛的意愿变成可实现的目标

当一个空泛的想法变成一个明晰的目标时，你的思维重点就会改变。如果你在处理背叛的时候，很清楚地想要规避离婚、规避分手，你就会考虑哪些行为会导致离婚，而哪些行为又是挽回婚姻时需要付出的代价。

有了这样的目标，你会更克制，不去做一些加剧冲突的事情。你内心的承受能力也会增强，不会那么容易愤怒。因为你有了清晰的认识，知道为什么这么做、应该怎么做。而且，比起认知不清、目标不清，单纯因为"我不想离婚"就忍气吞声，更伤自尊。因为你的目标源自自己的意志，你的付出是为自己服务的。这样，你的表现也会更好，因为考虑得很清楚，你有了足够的心理准备和接受度，所以在后续和伴侣相处中会更好地把控自己的情绪。

不想分手，先修复自己在对方心中的重要性

如果你明确地知道自己不想分手，那么首先需要做的是遏制内心和对方算账的冲动。除非对方对你还有感情，否则，激烈的指责更容易激怒他，而不是促使他内疚、反省。如果你希望他听到你的心声、在乎你的心声，那么就要修复关系，修复你在他心中的重要性；而不应满口指责，那样只会让他的心门紧闭。

1. 保持提升，不因熟悉而贬值

有些人出轨，是因为伴侣在自己心中已经贬值，不重要了。所以，他的目光才投向了更好的、更符合他今时今日欣赏标准的"外面的人"。

有位女士，她的丈夫出轨了，出轨对象是他能干的女下属。丈夫说他喜欢那个女孩拼命工作的样子，这是天天围着小孩和家庭的妻子无法相提并论的。虽然丈夫这么说更像是为喜新厌旧找借口，结婚时，他可是说喜欢自己妻子这样能下厨房的小女人。但有一点很明显，他对妻子的评价和妻子在他心中的重要性都已经严重贬值了。

修复重要性，并不是强人所难，要求每个人都取得成功或改变自己的性格属性，硬要"不做自己做他人"；而是说，每个人都可以在自己原有的底子上呈现不懈提升的状态。单是这样的状

态——自己重视自己，不放弃自己，就会让对方刮目相看，重新审视彼此的关系。

2. 修复自己的态度，才能为自己加分

在亲密关系中，我们有时懒得讲究方法，一味地直来直去表达自己的不满。这样做，不但无助于解决问题，还会在伴侣心中积累恶评。这种恶评包括两方面。一是激烈的争吵会将脆弱情绪暴露无遗。在亲密关系中，如果一个人总是毫无自制地暴露脆弱，会让对方看轻。二是对有些伴侣来说，他们本来就爱得不深，所以指责抱怨难以达到目的，只会激起伴侣的恶感，却不会让他们反省。

当这些恶评累积到一定程度时，我们在对方心中就会变成不值一提的人。对对方来说，他和你的关系不需要维护，你的意见也不需要重视，你说什么他都不在乎。因此，控制自己的情绪，适当修饰自己的言行，让对方觉得你是一个自制、能管理好自己的人。这样，你的意见才是值得听的。

3. 告诉伴侣"你对我也很重要"

修复你在对方心中的重要性，一个很重要的点是，让伴侣重新感到他在你心中也是重要的。当我们伤心、不满时，我们会倾向于用轻蔑掩盖一个真相："你在我心中是重要的。"正因为"我

是在乎你的、我很需要你"，所以在受到伤害时，"我才羞于承认你对我的重要性"。"我会谩骂、挖苦、指责你"，而这是脆弱的情绪所能排解的唯一方式，但这背后真正表达的，恰好和表面的表达，"我才不在乎你"相反，它真正想要伴侣明白的是"你对我很重要"。

通常情况下，伴侣难以领会这背后的真意，他相信你一脸嘲讽蔑视的表情是真的。他相信你讨厌他，不在乎他，他在你心中已经不重要了。作为反馈，他自然也会和你拉开心理距离。这时，如果把真心表达出来，"我是需要你的，你对我很重要"，伴侣才更可能给予正面回馈。毕竟一个人对我们有好感，感觉我们很重要，很容易增加我们对他的好感度。

修复亲密性，找回公道

在修复了你在对方心中的重要性之后，再修复你们之间的亲密性。这种亲密性，也许因为对方的花心、出轨还有你们的争吵而一度变得疏远。

修复亲密性时，要做到以下几点。

第一，接受（哪怕是暂时接受）对方背叛这件事，不要再因为这件事抱怨、指责。这样做会让对方放松下来。你接受他，他也放下防御接受你。这会为修复亲密性赢得空间。

第二，主动化解对对方的敌意。对方做错了事，对不起你，因此会害怕主动走近你。因为面对你、承认自己的过错，会让他感到羞愧。所以，他反而可能对你怀有敌意。这时，如果作为受害方的你主动化解你对他的敌意，会比较容易建立彼此的亲密感。

第三，利益一致。与对方相处时，更多地站在对方的角度，给对方"利益一致"的感觉，这会让对方对你恢复好感，迅速拉近彼此的心理距离。

第四，抱着经营的态度展现自己，有意识地修复自己在对方眼中的形象，修复对方的好感，让对方愿意主动走近你。

这听起来似乎很不公平。凭什么？为什么受害方要处处做小伏低，宽容、迁就过错方？而且这样做也不一定奏效，尤其当对方铁了心要离婚时，更是这样。但"尺蠖之曲，以求伸也"，委曲求全的做法，在亲密感得到修复之后，也会带来很大的回报。

第一，暂时的低姿态是有回报的。当你达成目标、顺利挽回了一段关系时，你在对方心中的重要性和亲密性都得到恢复，你就会收获迟来的道歉和补偿。这曾经是你最需要的，却是对方拒绝给的。此时，受过的委屈得到伸张，伤害终于获得了弥补。

第二，哪怕在做出这样的努力之后，对方还是铁了心要离开。但这个过程不是一无所获，在这个历练中，你的认知能力会得到有效锻炼，不仅能更加认识自己、认识婚姻，还能锻炼经营能力，既包括经营婚姻，也包括经营自己。虽然伴侣离开了你，但你从这样的经历中收获了更好的自己。

因此，当你权衡轻重做出不分手的决定时，不要让自己对背叛的接受变成无奈的忍受，而应在挽回关系的过程中，使自己强大。也许事后再面对迟来的道歉时，你可以一笑而过，不再需要对方的歉意。

第六节

走出情殇：遭遇背叛后，如何修复创伤

遭遇背叛后，你会怎么做？你会立马酷酷地删掉对方的联系方式，干脆利索地让这个不忠的家伙从自己的生命中滚蛋，还是像被碾碎了，身心俱痛而不知所措？同样的你，也许会有不同的表现。这既取决于你的个人状态，包括经济情况和个人发展，也取决于对方是谁，他对你而言是什么性质的伴侣。

所以，**创伤通常包括两部分，一部分是背叛本身；另一部分是自己脆弱的状态。**背叛有时只是加剧了我们对脆弱自身的认识和感受。

修复遭遇背叛的创伤，需要从修复受损的自我做起。

对背叛有正确的归因，不妄自菲薄

一个人出轨有各式各样的原因，贪图新鲜、花心、无聊，不一而足。所以，我们首先要从认知上真正认清对方背叛的原因，

改变自贬思维，不再认为"背叛"等于"我是失败的、有问题的、没有价值的"。这样才能避免对自己进行不必要的贬损和伤害。

1. 正确认识背叛，不把责任揽在身上

伴侣出轨，会让我们怀疑问题出在自己身上，是我们缺乏魅力导致伴侣出轨。这意味着我们对这件事负有责任。

但婚恋的规律说明，从激情浪漫回归到平淡日常，是每一对夫妻都要面对的现实。在日复一日的相处中，新鲜感终归会消失，从前的魅力也不可避免地会失去光彩。在这个过程中，怎么提升自己经营婚姻的能力，不断地从和伴侣的相处中挖掘新的乐趣，才是战胜婚姻审美疲劳的王道。伴侣在自己眼中已经失去魅力不能作为出轨的正当理由。

作为被出轨方，更没必要揽这个责任。"伴侣感到不满足"和"我已经缺乏魅力"之间没有必然的联系。如果他以这一点为由出轨，只能证明他缺乏经营婚姻的耐心和能力，并对婚姻有过分的要求。

2. 我不会因为你的背叛而自我贬低

在我们内心深处，有时存在一种无意识的自贬逻辑，似乎"伴侣背叛"就证明"我很糟"。"我很糟"就会暗示出轨方是更高明的，他非但没有因为背叛行为受到惩罚，还在无形中抬高了自己在关系中的位置。好像他背叛爱情，伤害伴侣，反而因此变成

了有评判权的人。而被出轨方，因为受到损失，就成了弱者，应该被主宰、受评判。

我们要清醒地意识到，这样的自贬是非理性的，自贬只会加深背叛的伤害。正确的态度如下。

第一，不能因为伴侣背叛，就以伴侣为中心，过度调整自己在关系中的表现，放大他的需求，放大自己的缺点，过度反省。

第二，不因为伴侣的背叛，就直接得出"我是失败的"这样的结论。不能把"背叛"等同于"我不好，所以他看不上我"。

第三，避免将伴侣的喜好标准当成有价值的标准。他选择了出轨对象，不喜欢自己，并不一定说明出轨对象比自己好。只不过是青菜萝卜各有所爱。他的选择只能表明他的喜好和性格，甚至是他眼光的局限。

有时，我们需要跳出一个心理误区：因为受到伤害，自己看轻了自己，就不由自主地抬高了伴侣的位置。其实他爱不爱你，只能证明你们之间的匹配度，和你自身价值的高低并无绝对关系。

修复脆弱自我，才是最根本的任务

修复创伤，就要认识创伤。也许有人要问，创伤就是创伤，有什么好认识的？创伤的来源似乎再明确不过——因为付出太多，因为伴侣冷酷无情。但处在不同时期的我们，创伤程度又可能不同。当我们强大、具备爱的能力时，一样的背叛，与我们脆弱时受到的伤害不一样。

因为"强大""有爱的能力"有一个共同特征：需求更少，给得更多。从这一点理解背叛创伤，我们能清楚地看到，有时我们是把伴侣当成需求对象，而不是爱的对象。因此，遭遇背叛，失去对方，就意味着我们失去了依赖的对象、满足需求的对象。这种创伤的核心是匮乏，包括信心的匮乏、安全感的匮乏等。

匮乏会放大对方的重要性、不可取代性，相应地就会放大背叛的严重性。

1. 最伤害你的不是背叛，是对伴侣的依赖

有时，最伤人的不是伴侣背叛这件事，而是在伴侣背叛后，你发现自己离不开他。有位女士发现丈夫出轨了，她想离婚，但又没有信心养活两个孩子。不得已，她选择了原谅，但她心里一直很难受。难受，一方面是因为丈夫这件事本身；另一方面则是意识到她的"被迫依赖"。"被迫"意味着不自主和屈服。她无法按照自己的意志行事，而是深深地受制于信心的匮乏。

这时，解决问题的重点，首先是跳出负面情绪。停止反刍，不去反复咀嚼伴侣多可恶，自己又是多么无能为力。因为这样只能让自己陷入负面情绪的恶性循环，最终还是摆脱不了对伴侣的依赖，还会感到"被迫"的创伤。既然真正的创伤是"失去自主能力"，那么把"自主"找回来，才能从根源上疗愈匮乏造成的伤痛。

2. 放不下，是因为对改变有畏难情绪

有人把伴侣当成唯一的、不可取代的对象，一旦对方背叛自己，就如同天塌了。这可不一定是爱，反而很可能是恐惧变动的心理反应。因为伴侣在自己的生活中不仅扮演了一个爱人，更是我们业已习惯的相处模式的一个稳定的支持性来源（包括经济上的、情感上的、生活上的）。伴侣背叛和伴侣分手，意味着生活状态的变动。放下旧的关系，就要发展新的关系，要重新建立相处模式，习惯新的生活，这会让人心生恐惧。

恐惧，会让我们转头抓住旧的关系不放，让我们认为除了接受这份破损的关系，别无出路。当我们除了承受伴侣的背叛，"别无出路"时，对方的背叛就会显得格外沉重。如果我们能放下恐惧，给自己选择的自由，背叛（失去这份关系）就不再是那么重要的事了，我们也就不会再伤害自己。

生活中可替代的支持越多，背叛就越不重要

心理学研究发现，构成长久浪漫关系的有以下三要素：一是奖赏；二是相对缺乏可供选择的伴侣；三是对感情的投资。[1]其中，

---

1 托马斯·吉洛维奇，等.社会心理学（第三版）[M].侯玉波，等译.北京：中国轻工业出版社，2016.

第二个要素"相对缺乏可供选择的伴侣",即缺乏可替代的选择,这是促使人们维持长久关系的原因之一,这不能不令我们深思。

反过来说,当一个人的生活环境越单一,越缺乏可替代的选择,包括缺乏可替代的伴侣选择、支持选择,那么他在遭遇背叛的时候就越可能走不出来。

比如,有的人选择原谅出轨的伴侣,并不是因为双方有感情,而是一方缺乏可供选择的替代性支持。因此,他虽然留在了这段关系中,但又忘不了伴侣的背叛,对伴侣已经失去信任。有位女士发现自己的老公出轨女同事以后,原谅了他。但她又走不出遭遇背叛的伤痛,开始监视老公。老公回来晚了,她要查问;和女同事打电话谈工作,她也要仔细盘查。她之所以这样做,原因有二:一方面,确实是一朝遭蛇咬,十年怕井绳,一次不忠,再难信任;另一方面,这位女士因为生活中缺乏其他的支持来源,这导致她遭受背叛的感受被放大,占据了自己的全部注意力。

1. 不是他重要,而是其他的支持太少了

我们仅仅是因为伴侣曾经不忠,就紧紧地盯着他吗?不是的。这是因为伴侣在我们的生活中占据了不可替代的位置,是我们生活的支柱。伴侣的动摇(出轨),一是会对我们的安全感形成威胁,生活中的威胁总会吸引我们的注意力。二是伴侣给我们造成了不确定性,他曾经背叛,未来就可能再次背叛。不确定性,就

如同一个未完成的事件，会让我们感觉不踏实。三是我们对伴侣的需求，迫使我们不得不选择原谅。但被迫屈服的感觉像一个无法愈合的伤口，总是提醒我们曾经被背叛的事实。

伴侣之所以在我们生活中占据不可替代的位置，在某种程度上是因为我们相对缺乏可替代的选择。说到底，如果我们相信自己还可以找到更好的伴侣，除了伴侣给的安全感，我们还能从友谊、工作中获得安全感，换言之，他不再是"必不可少"的，那么谁还会在意他的背叛呢。

2. 找到可替代的支持，"他"就失去了杀伤力

找到生活中更多可替代的支持，并不是说每个人都应该发展一个可供替代的婚外情人。而是从广义的角度说，发展可供替代的支撑，比如发展价值感的支撑，这样就不会因为伴侣出轨而使自信受到打击；发展情感的支撑，有友情的交流、亲情的交流，而不是只依赖这一个人的爱情，这样才不会放大他在情感中的重要性；发展关注的能力，除了关注伴侣，我们还需要关注其他有价值的事物。这是疗愈背叛创伤的一种健康方式。

我们无须投入精力去想着如何克服伴侣背叛自己带来的心理障碍，勉强自己接纳出轨的伴侣。有时，这样做适得其反，会再次强化伴侣的重要性。做做减法会让自己更轻松，通过找到可替代的支持，减弱伴侣的重要性，弱化背叛的伤害。当伴侣不再那

么重要时，他的过错也就失去了杀伤力。

强大自我是最好的药方

遭遇背叛，很容易让我们失去自信。我们变得对感情多疑，并因受制于人、失去自主能力而深感痛苦。如果背叛只是证明了伴侣的过错，是他缺乏自制力、人品欠佳，完全和我们无关，我们也许不会那么容易受伤。

我们的伤痛在于，通过伴侣的背叛，我们意识到自己有多么脆弱，意识到我们的依赖和对伴侣的强烈需求。正是这份依赖和需求，让伴侣获得了掌控我们的权力。这让我们痛感自己在关系中是不自由的，我们的感受、心情是由别人说了算的。伴侣做了对不起我们的事，我们却无法按照自己的心愿摔门而去。就是真的摔门而去，也不过是做做样子，最后还是要回到不忠伴侣的身边。这是心中最大的痛。有时背叛掩盖了这一点，让我们以为自己只是因为遭遇背叛而心痛。

那些发现爱人移情别恋，还能保持风度说"只要你幸福就好"的人，通常都有一颗强大的内心。他之所以能保持风度，是因为他受到的伤害小；而他之所以受到的伤害小，是因为他内心强大。

伴侣的伤害是一回事，我们怎么看待他的行为、承受力如何、有没有自主的能力，是另一回事。这些都是决定我们受伤程度的重要因素。当自我变得强大之后，有些创伤自然就愈合了。

第 五 章

权力：当金钱遇上爱情

买房：如何不让房子成为关系的障碍

有不少情侣走到了谈婚论嫁的一步，却因为买房发生矛盾，最后分手。

矛盾通常是围绕买房的问题产生的，比如谁该出钱，出多少，房产证上应不应该加另一方的名字。谁都觉得自己有理，谁都不想让步。

A姑娘就是因为房子问题谈崩了一段婚姻。男朋友家的经济条件不错，她家向男方要30万元彩礼，男方答应了。订婚后，小两口准备买房，男朋友父母的意思是，如果要加女方的名字，那就两家各出一部分钱。或者男朋友婚前买，只写男朋友的名字，贷款由男方的父母还。但A姑娘家不同意，觉得如果男朋友真心想娶自己，房子就一定得加自己的名字。要钱，没有。为此，男朋友和她大吵一架，最后提出分手。

站在女方的角度，男方不在房产证上添加女方的名字是没有诚意；站在男方的角度，明明给了女方 30 万元彩礼，女方却在买房时一分钱不添，这摆明了是想占便宜。从表面上看，矛盾是因为房子产生了，深层次的原因却是彼此的不信任。因为不信任，所以谁都不想多走一步，都怕付出打了水漂。

宁可共同受损，也不能一方获益

心理学上有个实验——囚徒困境实验。在这个实验中，参与实验的两个人要单独做出合作还是欺骗的决定。如果两个人不约而同地选择了合作，那么两个人会使共同利益最大化，都会从中受益，两个人都会得到 5 元；如果有一个人选择了欺骗，那么这个选择欺骗的人会使个人利益最大化，得到 8 元，另一个人得不到钱；重点来了，如果两个人都选择欺骗，每个人都只能得到 2 元[1]。

你会怎么选呢？

对方的行为会成为我们做出选择的重要决定因素。如果我们清楚地知道对方有合作意向，那么我们也会倾向于合作；如果我们感觉对方只考虑个人利益，那么我们也会受到不安全感的刺激，**"格外留意个人利益"**。

---

1 托马斯·吉洛维奇，等 . 社会心理学（第三版）[M]. 侯玉波，等译 . 北京：中国轻工业出版社，2016.

这一点，在房子成为关系障碍方面格外突出。

1. 不了解对方态度，担心独自受损

如果我们事先不清楚对方的为人如何，不知道他是抱着合作的态度选择共同利益最大化，还是抱着私心选择最有利于他个人的行为，我们就会产生吃亏恐慌心理，担心自己为共同利益着想，却被人家钻了空子，最后反而吃了大亏。所以，我们宁可僵持或分手（共同受损），也不愿意冒着独自受损的风险，让双方都得到获益的机会。因此，如果双方事先表明自己的诚意，打消独自受损的顾虑，那么将会有效改善合作态度。

2. 利益对立，追求个人利益最大化

囚徒困境实验给出了一种情境：他人有机会从我们的受损中获益。单是意识到这一点，就足以刺激一个人在假想中对抗。首先，我们的注意力已经从"利益可以一致"上偏离。其次，"我们受损，他获益"的选择可能，会强调利益对立。上述案例中，女方家庭得到 30 万元彩礼，仍然以没有钱为由，拒绝在买房时出钱；与此同时，却要求在房产证上加上女方的名字。这个家庭在极尽所能地追求己方利益最大化。这是因为深信"你受损，我获益"。一方的利益来自另一方的受损，已经被这一家人内化于心。

3. 做最坏的打算，却不为最好的结果努力

"信任即风险"，当选择信任要冒极大的风险时，我们的关注点就会偏离。因为满足安全感才是首位的。我们的关注会集中在规避风险，而不是信任对方、共谋幸福上。所以，在房子问题上，他们更多考虑的是规避风险，盘算着怎么才能少出钱、不出钱，还要在房产证上加上自己的名字，这样一旦离婚，自己就不会人财两空。指导女方行为的是"离了婚怎么办"，而对怎么才能幸福地走下去，想得太少。这是对婚姻目标的本末倒置。

房子不是问题，态度才是问题

对最坏的结果的想象和对彼此的不信任，让双方乱了分寸。一谈到房子，他们就格外固执和计较，担心自己在房子问题上吃亏，受到伤害，这是让他们变得苛刻、不变通的因素之一。最严重的是，在想象中，他们面色严峻，已经把双方对立了起来，不自觉地充满了敌意。他们不通情理的言行，不过是把他们心中想象到的敌意表现了出来。

有位女士自打结婚就和老公为了房子闹意见。起初，闹意见是因为老公非要在房产证上加上自己的名字。当初买房时，老公家里经济条件不好，首付的 40 万元是女方父母出的。女方父母还打算帮他们还贷款。但她的老公不愿意，他宁可婚后和女方父母

一起还贷款，首付当借岳父母的，以后有钱了还给他们，并要求在房产证上加自己的名字。女方父母没同意，因此全家闹得非常不开心。

现在他的收入是老婆的 7 倍。他提出把自己的父母接到城里来住，还要给他们买一套小户型房子养老。女方不同意。于是，双方为了房子再次闹得不可开交。

在房子问题上有争执，彼此不能妥协，是问题积累、最后升级的表面原因。深层原因是，双方因房子而产生的心理诉求和情绪没有得到处理。围绕房子，老公表现出的极度不安全感没有得到理解和处理，而女方家庭在买房上积极的资助和关心，也同样没有得到男方的感恩。

1. 房子可以谈不妥，情绪却要顾及

女方家庭在察觉女婿的不安全感时，如果在乎他的感受，那么会就房子为什么不加他的名字，和女婿进行充分的沟通，对他加名字的要求表示理解，理解他想要属于自己的房子和房子给予的安全感。虽然因为种种原因，暂时不能在房产证上加上他的名字，但不代表彼此是分割的、利益是分割的、他和他们是无关的。大家会积极协商一个可行的办法，尽量照顾到每个人的想法。

2. 你的不安全感，影响了我的安全感

假如这个男人不是只想自己的利益，他就应该在提出在房产证上加名字的要求时，先感谢岳父岳母的鼎力相助。感谢，就是一种态度上的承认。承认别人付出了，并且自己从别人的付出中受惠了。但感恩是需要力量的，他的不安全感太强烈了，这种对不安全的恐慌被他散播到关系中，强化了利益对立、竞争和对个人利益的争取。一系列行为让彼此都更强调维护个人的利益，而不是更好地维护共同利益。

说到底，虽然房子是关系中的难题，但如果我们能在房子问题上表现出较好的态度，就能找到解决问题的切入点。

拿出诚意，是最重要的事

在房子问题上，最重要的是拿出诚意，让对方明确你的可信。心理实验已经表明，在我们决定合作还是欺骗时，提前知道他人的态度，会影响我们的选择。所以，在买房这件事上，展现明确而十足的诚意至关重要。

感受到对方的诚意，会让我们避免掉入"黑箱"心理效应。**所谓"黑箱"心理效应，是指当人们对某些事物的信息所知甚少或根本不知道时，会更容易往坏处想。**我们坚持在房产证上加自己的名字，不必然是贪心。因为不知道对方会怎么看待婚姻，如

果婚姻失败，不知道对方会不会公平地顾及我们的利益。所以，我们才会产生这种念头："他肯定很自私，一切为自己着想。"并在假想前提下，采取防御措施。

如果我们能够确信对方是公平的，并且在发生最坏的情况时，不会只顾他自己弃我们于不顾，那么，在房子问题上，我们就用不着这么坚持了。

第一，诚意表明在两个人的共同事务中彼此没有藏私心。

私心，是婚姻最大的障碍之一。房产证上是写双方的名字，还是一方的名字；是你多出钱，还是我多出钱，有时视情况而定，不必然会引起纠纷。最能激起冲突的，不是这件事本身，而是这件事透露的私心。私心说明对方将自己的利益看得比你重、比婚姻重，并没有真的接受你。这样的婚姻怎么会让人有安全感？

第二，诚意是一种承认，承认对方在关系中有被尊重的权利。

"假装看不到你，不在乎你是不是不高兴，不承认你有被尊重的权利。"假如对方这样对你，你会感到不安。因为这往往是掠夺的前奏，是为掠夺你的权益做好铺垫。给出诚意，承认的不仅是你这个人，还表示承认你应该享有的权利。

第三，诚意包含关心，表示重视对方的感受和利益。

在房子问题上有争执并不可怕，可怕的是争执背后的"不关心"。诚意给了我们一个保证：不管争执是什么，对方会积极善后。他会积极处理我们因之出现的情绪，并妥善协调彼此的利益。

他不以达到自己的目的为目标，而对我们的感受和损失漠不关心。

第四，诚意是无言的承诺，承诺愿意在关系中承担分内的风险。

诚意最打动人心之处，是它包含的承诺含义。我认定了你，愿意和你共担风险，也心甘情愿承担我自己的那份风险。这是一个明确的合作信号，也是定心丸。他不会处心积虑地从你的损失中获益，这样，你还会有什么顾虑呢？

第二节

经济：婚后实行 AA 制是因为不够爱吗

在谈婚姻中的 AA 制之前，我们可以先分析一下 AA 制本身。AA 制的推出和兴起给人带来了便利。我们省却了人情交往方面的烦恼，大大地松了口气。

以聚会举例，如果没有 AA 制这个概念，朋友聚会就带有一定的心理负担。聚餐结束，谁掏钱呢？大家出于情面，都争着买单。而真正买了单的人，因为买单是迫于情面，违背本意，所以偷着懊恼。

AA 制体面地解决了"迫于情面"的窘境。它倡导的公平，能让每个人都不吃亏，保持心理平衡。而且 AA 制作为一种约定，明确了交往中的付出边界，省却了很多心理成本。

把 AA 制引入婚姻，本意是想复制这种便利。第一，在 AA 的基础上，不仅夫妻付出的是相等的、公平的，同时，还暗示了夫妻双方在力量和权力上的对等。这样可以有效维持夫妻间的平等对话。第二，AA 的理想状态是杜绝夫妻之间因为钱而产生的争吵。如果家庭的钱放在一起，大家都可以花，那么什么该花钱，该花多少钱，就会争论不休。AA 制允许每个人有部分支配自己收入的自由。这样，你想支援你的父母去旅行，就用不着费尽口舌征得爱人的同意。

但 AA 制真的进入婚姻时，却又使双方矛盾丛生，不像想象中的那么简单。

AA，让你感到寒心了吗

有位女士和丈夫坚持 AA 制。她对我说，刚开始自己的丈夫提出婚后要 AA 制时，她答应得很痛快。因为她觉得，自己有收入，又不是不挣钱。但生孩子以后，她辞职了，开始花自己的积蓄。随着积蓄渐渐花光，丈夫还是坚持 AA 制。他说："你没钱花可以刷信用卡啊。等你以后上班了再还。"听到这样的话，她感到非常生气，很寒心，特别想和他离婚。

她为什么感到寒心呢？因为丈夫坚持 AA，坚持明确付出边界的同时，也坚持了感情的边界；省却了心理成本，也省却了爱。她是为了这个家在付出。孩子是两个人的，养育孩子是两个人共同的责任。但生养孩子的付出，丈夫不心疼；因带孩子而辞职，丈夫不理解；养孩子花光了积蓄，丈夫不体谅，还要求她继续坚持 AA 制，靠刷信用卡渡过难关。这怎么能让人不寒心？

1. 受到限制的，不仅是金钱的付出

在享受 AA 制的便利时，我们也不可避免地遭受 AA 制的负面影响。爱人的确不再过问你把钱花到哪去了，但也不再过问有没有钱花，你怎么办。在金钱的使用权被公平地切割成两等份以后，你保有的不仅是你自己的钱，还包括对你的经济情况的独立责任。

你的经济情况如何，是你自己的事。你失业了也好，花光了积蓄也好，都不在对方过问之列。就像你手中有钱时，对方也不过问你是怎么花钱的。只要按照彼此的协定，你交上该你负责的水电物业费，拿出你那一份生活费，彼此在经济上的联系就到此为止。至于你是否陷入经济窘境、有没有办法摆脱这种窘境，那都是你自己该面对的事。

2. 吵架少了，但也不关心你了

如果我们将 AA 制照搬进婚姻，那么我们就要接受 AA 制双刃剑的特性。当我们不再为了谁乱花钱而生气，不再为了一笔钱该不该花而争得怒不可遏时，我们吵的架少了，但也没像想象中那样变得更亲密。在节约了心理成本的同时，关心似乎也被节省了。

这些被节约的心理成本包括什么呢？它不仅包括烦恼和争吵，也包括关心和支持。正常情况下，你会关心对方为什么辞职，为

什么没钱了，会问他的感受和想法是什么，并给他情感和经济支持，协助他走出困境。但如果 AA 制的观念深入骨髓，双方很容易连关心都变得刻板节制，彼此的感情就会显得疏远，活像房东和租客之间的关系："你这周能交上房租吗？再交不上，就别怪我不客气了。"

刻板的 AA 制，造就一颗冷酷的心

很多夫妻在结婚之初选择婚内 AA 制，只是为了享用 AA 制的便利。但在 AA 制的实际操作中，这种花费上的明确划分，非但没有起到促进感情的作用，反而因为过分地明确金钱分配而伤了感情。

有一组家庭，提出 AA 制的人是丈夫，最后对 AA 制感到不满的还是丈夫。妻子对 AA 制的严格遵守，到了让丈夫受不了的地步。搬进新家，他没有时间去买家具，就商量让妻子去买，因为妻子的时间比较自由。但妻子的第一句话就是："可以，但你先打给我 5000 元。"他一下子就被妻子丁是丁、卯是卯的态度噎到了。更忍不了的是，他让妻子帮自己买件秋衣，这样的小东西，妻子都要刷他的卡，把账一五一十地算清楚。

妻子严格的行为伤害了他的感情，因为妻子的眼睛里只有AA 账单，没有他这个人。但妻子的本意真的是要忽视他、伤害他吗？非也，除非妻子是在蓄意报复他提出 AA 制的行为。

1. 经济上的 AA，一不小心就演化成了情感上的 AA

AA 制会给予我们一套与之相符的相处原则。比如，受 AA 制影响，我们会认为在家庭支出上应该尽可能公平，所以要求对方负责分内支出是天经地义的；对方应该对自己的经济状况负责，如果有问题，说明他没有管理好自己的财务；假如对方收入不高，日子拮据，那也是他个人生活拮据。也就是说，AA 制在明确了经济边界的同时，也断开了与经济 AA 制相配套的情感链接。

我们不仅要在经济上执行 AA 制，在情感方面也要坚持 AA 制。这意味着有些情感需要个人独自承受，不管是心碎的悲伤，还是绝望的恐惧。只要是你分内的，而不是我分内的，我就可以选择无视。我看不到你的无助，因为那不是我的事。

2. 你误会了冷酷，这其实是心理舒适区惹的祸

AA 制怎么会不小心变作无情了呢？这种情感断裂是怎么发生的呢？ AA 制挪移到婚姻中，有时形成了刻板印象和刻板操作。

刻板印象具有简化信息、节约精力的优点。借助于刻板观念，我们得以摆脱复杂的情景，不必多费精力去了解和整理眼前新鲜、丰富的信息，也不必多花时间去找相应的对策。只要从信息库中调出早就储存好的刻板观念，我们立刻就能得到一套相应的思想和行为方式。这不仅极大地节约了精力，还使我们远离情绪的干

扰，实在是一个便于形成惰性的心理舒适区。当对方因缺钱而烦恼时，他的情绪影响不到我们。因为，按照AA制的刻板观念，他烦恼是他的事。

钱可以AA，感情不可以AA

为了生活便利，夫妻双方在经济上享有更大的自由度，AA制的确是婚姻可选项。但选择AA制不代表可以关闭情感的大门，或者在情感上标明刻度：我对你情感的分享是有限度的，我的爱是有限的。

要知道，如果一对夫妻在感情交流上设限，他们几乎无法在深层的互动中产生深厚的感情。**AA制根本不是可以少爱的借口，但它可以成为自私的遮羞布。**和爱相悖的不是AA制，而是AA制中刻意的保留。因为爱的重点在于关注与付出，在于两相交融，而不是着重划清边界，保持距离。

1. AA制没问题，将自私合理化就有问题了

有些夫妻会因为AA而情感冷漠。除了因为刻板维持AA制带来的心理舒适区，一不小心让彼此显得冷酷，还因为有意为之的自私心理。有的人因为心理上的AA制根深蒂固，他们从内心就是冷漠的，想要和对方划清情感和心理的界限，所以才提出了经济上的AA制。在经济AA制的模式背后，还配套上情感AA

制和心理 AA 制的模式。也就是说，我们彼此不仅在经济上是有限分担、部分独立的，在情感和心理感受的部分，莫不如此。

一个人如果心存自私，就会利用经济 AA 制，将自私的动机合理化。对于本来就不想承担共同生活的责任和麻烦，他们找到了一个借口，合理地逃避金钱和感情的付出，最终逃避对婚姻的经营。

2. 你要想的是怎么去爱，而不是怎么有保留地爱

AA 制操作不当产生的最大问题是它会改变我们看待关系的着重点。我们的视线被误导，从亲密关系中应该关注的"爱"转到了"爱"的限度；从怎么去爱对方，变成了怎么把握爱的边界和程度。与其说它在教我们怎么更好地与伴侣相处，不如说是在拉开我们和伴侣的距离，教我们有保留地相处。

我们都知道，幸福地相处离不开幸福地相爱。爱和积极的关注、深深的了解是分不开的。如果我们的情感交集是有限的，又怎么会真正了解对方、爱对方呢？马斯洛说："对整个对象的具体认知还意味着，要带着'关怀'去看待它。"[1]这是对 AA 制最好的补充，经济 AA 制的"边界"视角，不能被复制到生活中。在感情上，我们依然要以"关怀"视角，积极关注我们的爱人。

---

1 亚伯拉罕·马斯洛.需要与成长：存在心理学探索（第 3 版）[M].张晓玲，刘勇军，译.重庆：重庆出版社，2018.

第三节

谈钱，也可以不伤感情

毋庸讳言，婚姻中很多争吵都是围绕金钱展开的。

一方面，钱在生活中使用率高，时时处处都少不了用钱；另一方面，钱是生存的必需品，对每个人都非常重要。同时，夫妻间不同的消费观代表了不同的生活要求，改变消费观意味着生活水平的改变。

有对情侣，女孩家境优渥，花钱大手大脚。男孩经济上比较困难，养成了极为俭省的习惯。两个人每次出去逛街都要吵架。男孩嫌女孩花钱大手大脚，女孩觉得男孩小气，不讲究生活品位。他们谁都说服不了谁，只觉得相处太累。

谈钱为什么容易伤感情

为什么很多情侣一谈钱就容易吵架伤感情呢？这是因为谈钱容易触及人们的心理雷区。

1. 引爆深埋的压力

一谈及钱，非常容易引爆金钱压力。尤其对男人来说，他自认应该负责家庭的经济开支。谈到钱，就不免暗含评价，其中既有经济压力——他挣的钱够不够应付生活；又有评价压力——他作为男人，是不是有能力让家人过上富裕的生活。

有位妻子特别不能理解自己的丈夫。为什么丈夫总是一口咬定她在乱花钱呢？丈夫一个月3000元的工资并不富裕。她要精打细算，才够一家人的开支。她已经极尽节约，什么都不敢给自己买。但丈夫就是不相信她把钱都花在了家用上。她把账单给丈夫看，他不仅不看，还骂她。

她不明白的是，丈夫正是为了逃避经济压力、评价压力，才极力否认钱不够花的事实。把账单拿给他看，就是逼他面对这种压力。他要么承认自己无能为力，从而陷入自责；要么就要做出改变，还要面对改变的压力。如此一来，他又怎么能不恼羞成怒呢？

2. 挑战消费观

消费观的分歧主要表现在两个方面：一个是钱花在哪儿；另一个是花多少钱。

有位男士习惯在发了工资后花钱大手大脚，请朋友吃饭玩乐，给自己买件西装都要上千元，而家里的开销一概不管，孩子的生活费、教育费都由妻子负担。即使这样，看到妻子用他的工资买了条金项链，他还不高兴，唠叨说自己钱不够花。

显然，他有明显的单身思维。虽然结婚了，但从心理上讲，他还是个男孩儿。他把一切家务负担都推给妻子，自己还像单身时一样，自己的钱只给自己花，不管家里需要什么。而且他花钱的目的是包装自己，打造一个好的人际形象。

挑战他的消费观，就是挑战他的单身思维和包装需求。

他没有家庭责任心，只想炫耀自己。他请朋友吃饭玩乐，买上千元的西装，这些行为说明他想让别人觉得他很有本事。他包装自己，本质上说明他很自卑，他怕别人嫌弃他。同时，他既不给孩子抚养费也不管家，说明他缺少家庭观念。

消费观冲突的背后，不仅涉及观念的冲突，还涉及利益的冲突。在我们的消费观中，既体现我们的消费习惯和观念，也有面子、安全感等各种不同的心理需求。我们往往在不同的消费观的驱动下，追求着不同的心理需求。要一个人改变他的消费观，有时等于要他放弃很多需求，这当然容易引起抗拒，但办法总是可以想的。

像这个花钱大手大脚的丈夫，工资十来天就用完了，想必剩下的时间他要靠外援支持，比如信用卡。妻子就要想办法切断外援，把任何他可以借钱的渠道堵死。当他没有了外援，他想炫富恐怕也炫不起来了。另外，妻子也可以在他发工资时先下手为强："老公，孩子这月生活费两千元我从你这拿了啊！""老公，家里要买个衣柜，我用你的钱买了。"把钱用在该用的地方，合情合理，他也没话说。

3. 放弃私心不容易

钱，作为家庭的共享资源和稀有资源，你花了，对方就得少花。所以，有些夫妻就在钱上存有私心。

有位女士和丈夫都是二婚，已经结婚 6 年了。两个人没有自己的孩子，丈夫带着自己和前妻所生的两个儿子和她住在一起。从结婚的那天起，丈夫就要求婚后各花各的钱。他不让妻子过问他的财务状况，平时家庭各项花费由女方负责，男方负责每月3000 元的房贷，偶尔也会给家里置办一些东西，比如书桌、按摩椅等。最近，这位女士生病了，需要治疗。当她和丈夫说的时候，丈夫只是轻飘飘地来了一句："不检查不是也挺好的吗？没必要去治。"这位妻子东凑西借，最后还差 3000 元，但是她的丈夫就是死活不肯出钱。无奈之下，她偷了丈夫放在柜子里的钱。一个星期后，丈夫发现了，对她大发雷霆，让她还钱。

看了这个案例，可能大家都会想，这哪儿是夫妻，这连朋友间的情谊都没有。都说一日夫妻百日恩，这位女士跟这个带着两个男孩的男人在一起生活了 6 年，却换不来他的尊重和关心。这不是3000元的事，是这个男人心里根本没有妻子，而只有私心。

私心藏不住，第一反应代表孰轻孰重。真正的家人一定会关心彼此的身体健康。身体不舒服时，关爱我们的家人总会说："我陪你去医院看看吧。"但这位丈夫，在医生明确说出妻子需要治疗后，他的态度却是"没必要去治"。他不在乎妻子的健康，他在乎的是要不要花他的钱。对钱的态度代表对人的感情，结婚后他说"各花各的钱"，还不让妻子知道他的财务状况，这些细节都说明了他一开始就藏有私心，把妻子当外人。

可以说，私心是婚姻的顽疾。没有什么比谈钱更能让私心昭然若揭了。平时很多问题尚且有花言巧语和遮掩的余地。比如这位男士，除了房贷几乎什么钱都不花。他和他两个孩子的生活费，都是妻子在负责。但对于这一点，他完全可以解释，都是为了家，每个人负责的部分不一样。

但妻子病了，需要他拿出一部分钱，这触碰到了他的私心，他就死活不干了。

这也是为什么谈钱容易伤感情。谈别的，总有隐藏私心的余地。谈钱，有私心的一方私心藏不住了，会让另一方看清他的薄情，也就不再心存幻想、心中留情了。

谈钱不谈情是最大的误区

谈钱容易伤感情，这好像是条颠扑不破的真理。在实际生活中，我们容易在谈钱的时候过于专注，而忘了谈情的重要性。

一位男士因为妻子不肯借给他20万元用于经营工厂，就开始和妻子冷战。他不知道妻子心里有多少委屈。结婚时，她拿出自己的10万元给丈夫充当彩礼，因为那时丈夫刚开始创业，没有钱。结婚后，她又借给丈夫10万元买车。后来丈夫发达了，她辞了高薪工作在家养娃，丈夫却很少给家里花钱。

如果这位男士在和妻子谈钱的时候也记得谈情，在谈情的过程中了解妻子的委屈，反思自己的行为，对妻子的情义表示感恩，他就更有可能在钱的问题上和妻子达成一致。就算妻子不借钱给他，他也不会这么生气，也不会和妻子冷战。

夫妻之间谈钱的时候直奔主题，不谈情，不铺垫，是很容易就事论事发生争吵的。如果在谈钱的时候也注意谈情，了解围绕钱，他有什么情绪，他又为什么做出这样的选择，双方就会更理解彼此的处境和想法。

1. 做好情感铺垫为什么很重要

做好情感铺垫，一定不是抱着说服对方的心理，只求达到自己的目的，而要围绕金钱这个主题展开充分的沟通。

双方要把自己和钱相关的境况、想法、感受，展开说清楚。最重要的是，在沟通中，彼此要为对方考虑，体谅对方。

第一，铺垫的过程也是对方在心理上逐渐适应、做准备的过程，这会避免双方生硬地拒绝一个陌生的提议；第二，主动站在对方的角度思考，忧对方之忧，就是一种做好妥协准备的态度，这会让对方觉得，双方是有协商余地的。有了这种心理上的宽松，彼此可以放下防御和敌对心理。有时，夫妻为钱吵架，其实是气伴侣不为自己着想。

2. 谈好情，再谈钱就容易了

要想谈好钱，就要先谈好情。谈钱引起争执，是因为每个人都在围绕钱强调自己的立场。这更容易引起彼此的恶感，因为我们容易只凭借他对钱的态度来评价他这个人。

谈情，会架起沟通的桥梁。因为谈情的重点是关注对方。在谈情的过程中，我们更倾向于想起和强调对方好的方面，比如，他很温柔、很勤快等。这能提醒我们从更全面的角度去评价他是一个什么样的人。这样，哪怕之后双方在关于钱的问题上有所争执，我们也能更谨慎地评价这件事，更重视彼此的想法和态度，更愿意为了在钱上达成一致而找出可行的方法。

谈情，着重点在于让我们想起对方好的一面，并在谈钱的时候顾及感情。无论钱的事谈得拢还是谈不拢，双方至少不会因为谈钱而大动肝火，互相给予差评。

好的婚姻，女人一定要学会管钱

管钱，不仅是管理家庭的财务，还通过管钱塑造家庭。

有位女士从结婚起就没有管钱的意识。她的丈夫年入百万，但连孩子的生活费都不给。她不得不在孩子 1 岁的时候带着孩子去上班，晚上回家，还要继续带孩子做家务。她的丈夫不仅袖手旁观，还怪她好吃懒做。有时她一个月 3000 元的工资不够家用，想让丈夫出钱补贴家用，丈夫直接和她翻脸。

碰到这种缺乏责任感和家庭观念的男人，吵架是解决不了问题的。因为他的责任感和家庭观念还未形成，需要塑造。女人管钱，就是一个很好的给家庭订立规则、培养整体观的机会。

1. 管钱，不掉价

有的女人可能会有一种思想，丈夫挣的钱再多，那也是人家自己挣的，自己伸手向丈夫要钱，是件掉价的事。所以，她宁可节衣缩食，自己承担所有的家庭重担，也不肯和丈夫坐下来好好谈一下钱。

这样久了，就容易形成心理暗示：钱是对方的，我不应该管。再到了需要谈钱的时候，反而不容易启齿。就是启齿，对方也更容易想都不想就拒绝。因为对方习惯了你不管钱的模式，会觉得"你无权管钱"，进而将这一点简化成"你没有权利""你的需求不值得被认真对待"等潜在的轻视思维。

2. 强化家庭观念，你也要买单

你想管钱，但对方就是不让你管，该怎么办？你就是把每月家庭开销的详细账单拿给他看，他也拒不承认，又该怎么办呢？其实，不管他现在能不能接受，最重要的一件事是，通过每月给他看账单，强化"你有家庭责任"这个概念。

通过账单上那一项项详细的支出，强调"责任共有"，这是夫妻双方在共同养育孩子、经营婚姻上共有的责任。对方可以不承认自己的责任，但我们要提出这一点。这样做，虽然前期可能看不到效果，但一定比什么都不说，或者自认为"钱是他挣的，我管不着"，更能规范对方的家庭观念。这会为后面谈钱取得好的效果打好基础。

3. 管好钱的婚姻为什么更幸福

管好钱的婚姻更幸福，因为夫妻双方各执己见争吵的情况很少。

在管钱的过程中，第一，女人参与了家庭经济，这强调了她在这个家庭中的权利，有利于夫妻平等沟通。第二，管钱，也是夫妻磨合的途径。很多不同观念都可以在对钱的沟通中逐渐达成一致。这种经过了磨合的规范意识，不仅能扫清双方的矛盾和争执，也会在家庭其他方面发挥作用。第三，管理家庭的共有财产会潜移默化地强调"家庭整体观"，让彼此在讨论家务时，习惯从家庭大局出发。

很多时候，夫妻一谈钱就伤感情，这是因为双方没有做好基础工作。如果建立了家庭规则，有了自我规范和家庭整体意识，谈钱就不会那么难了。

第四节

减少争吵，我们本可以处得很好

心理学上有一个"刺猬效应"：两只刺猬想抱团取暖，但真抱在一起，彼此身上竖起的刺又会扎到对方。很多夫妻，正如刺猬效应描述的两只刺猬，走到一起，本是为了爱，谁知产生了伤害。

有时，我们也会学习一些沟通技巧，尝试改善亲密关系。但在实际操作中，这些技巧似乎并没有想象中那么顺手。比如，你试着少指责、多夸奖，或者你也听到有人提醒你太强势，你也想改变，但有时不由自主地现了原形。这个原形是什么呢？这个原形就是深埋在你心中的道理。你觉得你的指责是有理的，你无法改变这个观点，比如，"他不思进取，我就是看不上这一点，看不上一个男人毫无上进心。"

这很让人灰心，似乎你们分手是不可避免的结局。因为你们的分歧是本质的分歧，无论怎么努力沟通、善用技巧，谁也改变不了谁。实际上，夫妻间的沟通是金字塔形的，是有基础、有层次、渐进的。很多技巧位于金字塔的顶部，看起来很醒目，但要以塔底作支撑，才能更好地发挥效用。

基础部分：认识你自己，你到底为什么发火

有位女士在求助过程中一直抱怨丈夫的各种不是：安于现状，缺乏上进心，不健身，不会教育孩子。她则正好处在这些缺点的反面：她经过自己的努力，找到一份好工作，收入殷实，生活积极充实，把孩子教育得很优秀。话里话外，她都透露出对丈夫的不满。当被问道"你这么看不上你的老公，为什么还要和他生活在一起呢"时，她语塞了，想了几秒，说："可能是因为他对我好吧。"

1. 蔑视的快感

萨提亚在论及责备时，提到其中至关重要的一点：蔑视。"责备意味着一个人蔑视他人，而认为只有自己和情境是需要考虑的。"[1]

你或许会说："不，难道他这么自私，不应该受到责备吗？"

---

[1] 维吉尼亚·萨提亚，约翰·贝曼，简·格伯，玛利亚·葛莫莉.萨提亚家庭治疗模式［M］.聂晶，译.北京：世界图书出版公司，2015.

你可以责备他自私的行为，但如果长久地责备他的人品，你就需要审视自己是否陷入了"藐视的快感"。在你经常性地为了对方的某种缺点发作时，你要有意识地觉察，有多少是为了事件生气，有多少是在反复体验"瞧不上"的感觉，并从这种轻蔑中享受优越感，提高自尊。

2. 不易觉察的骄傲

还有一个出轨的例子。一位男士出轨被妻子知道了，他只差跪地求饶了。他再三保证，再也不会有下一次了。妻子答应原谅他，后来却隔三岔五在家里撒泼打滚，弄得两个人都痛苦不堪。这不只是情感创伤那么简单。随着对他们家庭状况的了解逐渐深入，我才知道，两个人的关系一直是女强男弱，女人强势惯了。这就给出一种补充解释，她发作得这么厉害，谁也劝不了，是因为她习惯了骄纵，她无法忍受被自己压着的男人做出了让她吃亏的事。

骄傲会让人处在高高在上的状态，难以放低身段去聆听别人的声音。一个在亲密关系中很骄傲的人，他关心的不是对方，不是怎么解决关系问题，而是怎么保持优于对方的地位。所有的矛盾，不管谁对谁错，都会被视为对他骄傲的触犯，都不可饶恕。

所以，在沟通之前，我们需要先问问自己：

"我是不是很骄傲？"

"我是不是只需要服从，不需要沟通？"

铺垫部分：沟通的前提是彼此接受

在婚姻中，夫妻面临的最大困境就是对人的否定。在一个很常见的家庭场景中，妻子走进厨房，发现丈夫刷的碗上还残留着饭渣。

她很恼火，吼道："你看看你是怎么刷的碗！"（谈事）

丈夫说："对不起，对不起。"（台阶）

她不下台阶，继续吼道："你这个人干什么都不认真！"（否定老公这个人）

碗没刷干净，本来是件小事，不值得大动肝火。但因为妻子从内心并没有做好工作，没有真正接纳丈夫这个人，也没有接纳他不认真的性格特点，所以小事变成了不可调和的大事。

铺垫部分就是要我们在沟通之前先做好沟通前的热身准备，包括接纳、角色塑造、自身形象管理，这些会直接影响沟通的难度和效果。

1.巧用角色效应

有一位女士，她深感苦恼，因为她嫁给一个"巨婴"丈夫。丈夫下班回到家什么都不干，只知道躺在沙发上刷手机。有一天，她做饭做到一半，发现燃气用完了，就想让丈夫下楼买燃气。丈夫回说，他在打游戏，等会儿再去。她等了一会儿，看丈夫迟迟不动身，就催他。结果两人在抢手机的过程中，她被丈夫推倒擦破了胳膊。

在日常生活中，这种矛盾特别常见。直接的沟通很容易演变成吵架。因为有些行为并不是偶尔为之，背后存在"积习"。要想撬动积习，必须先花工夫松动它。直接挑战"积习"，对方会因为没有做好改变的思想和心理准备而产生抵触情绪。

比如这个"巨婴男"，他还没有做好当丈夫的准备，妻子对他提出丈夫角色的担当要求，很容易遭到他的抵抗。这时，妻子可以先通过"角色效应"帮他进入角色。**"角色效应"是指人们会因为自己角色的不同而产生心理或行为变化。**

你可以按照你期望他的样子，框定这个角色：

"老公，你真有劲儿。家里没有你可怎么办啊？"

"这个灯泡还得你换。你个子高，够得着。"

当他逐渐进入这个角色后，会在心理上接受这个角色，并主动适应随之而来的行为方式。这时，双方再就具体的事情进行沟通，事情推进起来就容易很多。

2.破窗效应的另类提示

在婚姻中，我们很容易因为对方差劲的表现，自己也开始破罐子破摔。我们不控制情绪，不在乎自己的形象，成为对方眼中

"破窗效应"中的那扇破窗。

"破窗效应"的大意是，如果有人打坏了一栋建筑上的一块玻璃，没有及时修好，其他人就可能受到破玻璃的心理暗示，打破更多的玻璃。

这是因为一块破玻璃会让人产生这样的心理暗示：房子已经破损了，所以也可以用破坏的态度对待它。

想象一下，不管因为什么，当你大吼大叫、吵闹不休时，你在对方眼中就已经成了一栋有着破玻璃的房子。它暗示对方，你这个人不值得被认真对待。在这样的态度基调上，你说得再有理，对方也很难接受。

在做好沟通前，我们应该先把那扇破窗修好，因为它贬低了我们的形象，也增加了沟通成本。我们要像修饰自己的外貌一样，注意修饰自己的言行；要像扫除垃圾一样，扫除大怒、憎恨这些让我们失态的情绪。当对方看到我们郑重对待自己的态度时，他也更愿意郑重地听取我们的意见。

技巧部分：不知不觉柔化你

1. 南风效应，不知不觉柔化你

南风效应告诉我们，要想达到目的，硬来不是最优解。我们可以通过顺应人的内在需要，使人的行为自觉地发生变化。

比如，可以用以下方法应对一个爱唱反调的丈夫。

有一对夫妻，彼此之间没有大的矛盾，就是丈夫爱唱反调，像个叛逆期的少年。妻子要把电视墙刷成绿色，他说光线暗。妻子说多加灯，他又说随便。这让妻子不知该拿他怎么办才好。

其实，沟通无效是因为他没有达到唱反调的诉求。在这个家里，妻子掌权，话多主意多，他只有服从的份儿。换句话说，他对妻子是有意见的。他唱反调，就是要得到妻子的尊重。如果妻子顺应了他的内在需求，先解决他的"不接受"，在做决定前，多问问他的看法，让他感到被重视，那么沟通的渠道就会畅通很多。

2. 超限效应，适可而止效果佳

夫妻沟通时，有一种常见现象：刚开始沟通得挺好，双方都尽量保持理性，也试图听取对方的意见；但谈着谈着，效果越来越差；到了最后，双方的忍耐都达到了极限，再也控制不住，因而爆发争吵。

这是一种极限效应。**极限效应是一种"因刺激过多、过强和作用时间过久引起心理极不耐烦或反抗的心理现象"。**

比如，爱唠叨的女人责备丈夫不干家务。刚开始时，丈夫还会因为内疚，打算改正自己的毛病。后来她唠叨起来没完，丈夫越来越烦，最后干脆想"由她说去吧，我就是不干"。

这是因为一方没有给对方留白，没给对方充足的时间，让他消化这些意见；反而因为灌输的意见太多、太久，引起了对方的逆反心理。

良好的沟通要适可而止，让谈话的效果余音袅袅。

3. 鸟笼效应，不跟难题过不去

有位男士发现妻子怀孕了，他很高兴，谁知妻子却告诉他，她不想要孩子，还威胁说，等他上班时，她自己去流产。这位男士吓得班都不敢上了，还把妻子困在家里不让她上班。但这毕竟不是长久之计啊。

这种比较尖锐的矛盾，有时确实棘手。但与其去啃硬骨头，不妨试一下"鸟笼效应"。

"鸟笼效应"源于心理学家詹姆斯和朋友的一次打赌。詹姆斯打赌朋友不久后会养只小鸟。朋友不以为意。不久，朋友收到了詹姆斯送来的生日礼物—— 一个鸟笼。很多客人看到鸟笼后，都问主人鸟在哪儿，这位鸟笼的主人深受影响，最后真的买了一只鸟。

简单地说，它的启示就是造势。当人们明确不接受 A 时，你没有必要硬把 A 塞给他，你可以先给他不那么抗拒的 B。等他接受了 B，再通过 B 和 A 之间潜在的联系，松动他对 A 的抗拒，最终使他接受 A。

像上述案例中的这位男士，如果一上来就想说服妻子接受孩子，是很困难的。但如果他能带领妻子迈出尝试的第一步，比如在家里放一些可爱的儿童用品，让妻子感受到养育孩子的快乐，她可能会改变想法。

"鸟笼效应"的精髓在于，对方的态度比较顽固时，可以先引导他迈出尝试性的第一步，用新感受来改变他的想法。这比单纯说服他更管用。

第五节

爱的语言，结束"指责 — 抗拒"的死循环

维吉尼亚·萨提亚在《萨提亚家庭治疗模式》一书中写了一段很有启迪的话。她说："某个特定的模式，即便是令人痛苦的，当它变成一种自动化的反应之后，如果不能有意识地去改变，它会一直持续下去。"

这会不会让我们想到很多夫妻之间那些持续了一辈子的争吵，而且争吵的内容似乎从来没有变过。

"你太懒了！什么家务活都不干！"

"你能不能少说几句！唠叨起来永远没完！真讨厌！"

在漫长的婚姻中，就好像有一个无形的阻碍，我们看不到它，却一遍遍在它上面撞痛脑袋。这是因为我们不认识那是什么，所以一辈子都在被撞痛，却无法改变。

"你不能老指责他。多夸夸，他就愿意干活儿了。"

"你要学会控制情绪。你总是大吼大叫，谁愿意听你说话。"

短暂的收敛之后，你发现自己很快又回到了原点。愤怒在心头盘旋：他真的懒啊！懒还不能说了？

于是，你又开始继续撞头，继续做"指责—抗拒"的自动化反应。这让你痛苦，却束手无策。而且，这只能让你更加痛恨爱人："是他，这么固执、这么自私、不知悔改，所以婚姻才这么痛苦！"

婚姻的幸福，其实不必只靠等待，不能等待对方哪一天幡然醒悟。我们可以通过爱的语言引导对方与自己一起跳出痛苦的自动化反应，结束"指责—抗拒"的死循环。

爱的语言一：肯定的言词

盖瑞·查普曼（Gary Chapman）博士曾经提到爱有 5 种语言，分别是肯定的言辞、精心的时刻、接受礼物、服务的行动、身体的接触。

这 5 种语言都很朴实，相信很多人或多或少知道一些，尤其是肯定的言辞。越来越多的人尝试在婚姻中使用肯定的言辞来赞美对方。

"老公，你好能干哦！"

"老婆，你在厨房里的样子最性感！"

肯定的言辞很好地运用了心理学上的"皮格马利翁效应"，又被称为"期望效应"。该理论由心理学家罗森塔尔提出，是指我们对某种情境的期望（肯定），会有效地影响甚至塑造和我们的期望相符的结果。比如，妻子夸赞丈夫："老公，你做的饭真好吃！"那么，下回不用你说，丈夫就主动进厨房了。

我们为什么这么容易顺着别人给我们的肯定走呢？在肯定中，我们感受到对方对我们某种行为或能力的信任。这种信任给了我们信心和鼓舞，让我们愿意沿着肯定给出的路线继续走。这种肯定还能带给我们愉悦感，让我们自发地想重复被肯定的行为，以期再次享受被肯定的快乐。

所以，有人说，你想让对方变成什么样，就向着那个方向使劲儿夸他。你可能会说："那怎么可能呢？明明老公（老婆）很懒，我能睁眼说瞎话吗？"

事实上，你完全可以利用"配套效应"，通过夸对方的优点，提升他整体向好的水平。

配套效应是指人们在拥有了一件新的物品后，就会配置与之相应的其他物品。比如你有了一套新沙发，就会想着购买与之相匹配的新茶桌；老婆夸你很体贴，你就会逐渐提升自己在其他方面的表现，以此匹配老婆对你的肯定和好印象。

爱的语言二：精心的时刻

精心的时刻，并不是要求我们挖空心思刻意做些什么来取悦对方。它的关键是用心和共度。我们要有一起做的事，并且在这个过程中要用心。需要我们精心去做的不是什么非凡的事，而是生活中无数平凡的小事，比如一起逛超市。

我曾经在知乎上看过一个话题：为什么女人喜欢拉着老公逛超市？获得最高赞的回答是："超市是生活的本色，和一个男人一起逛超市，最能检验他爱你的程度。"

这句话怎么理解呢？为什么男人陪女人一起逛超市，女人就会觉得幸福，否则，幸福感就会变差呢？这就要说到心理学的一项研究。

心理学家们在过去几十年的研究中发现，人和人虽然不同，但都会产生以下 3 种相同的幸福倾向。

第一种：快乐倾向。它源自享乐论，简单来说，就是人通过即刻的满足获取幸福。比如，逛超市时，你看到很想吃的冰淇淋，马上就买了，买的时候你就会感到快乐。你的快乐也能同步分享给和你一起逛超市的人，他能感受到你的快乐，再把这种快乐感受反馈给你，让你加倍快乐。

第二种：意义倾向。它基于亚里士多德的实现论，意思就是我们通过参加"既能实现自身潜能又能给生活带来意义"的活动获取幸福。比如同样是逛超市，你们一起商量买了很多家庭用品，虽然微不足道，但共同的目的会赋予这件小事幸福的意义。

第三种：投入倾向。它基于心流论，是指一个人通过专心投入一项活动获取幸福。你可以试想，当两个人一起逛超市时，你们会全神贯注地讨论买什么东西，会专心地陪对方闲聊。投入时间，投入心的陪伴，彼此就会感到特别满足。

爱的语言三：接受礼物

有一位女士给我发来私信说，她很生气，因为她的丈夫总是忘记给她买礼物。上个情人节叮嘱过他，但他忘了买。这个七夕又叮嘱他，结果他又忘了。看到她的情绪不对，她的丈夫才去附近的商场买了一个金手镯。但此刻收到礼物，这位女士并没有多开心。她越想越气，就把手镯扔在了地上。她的丈夫一看也生气了，责怪她太矫情。

对这位男士来说，他不能理解礼物的意义，所以既没有把买礼物放在心上，也不能理解为什么妻子没有收到礼物会这么小题大做。我们要知道，不管男人还是女人，都希望收到爱人送的礼物。礼物对于亲密关系里的人，有以下两重意义。

1. 传递自己的细心

礼轻情意重，这个意是"留意"。留意对方平时的喜好、生活中的需要，留意对方喜欢什么、不喜欢什么。就像你出门和同事朋友一起吃饭，你点了一道他最喜欢的菜，他会很开心一样。他开心，是开心你对他的细心。夫妻之间也是一样，平时生活中留意对方的点点滴滴，对方就能感受到这种在乎。你不知道对方要什么，不懂对方的需要，他就会觉得平时你和他在一起只是敷衍。

2. 表达自己的用心

情话永远没有行为更让人感动。一个小小的礼物，表明了你的用心，表明你花了时间挑选他喜欢的礼物，花时间就是用心的表现。一份小礼物更重要的作用是传情，它能满足对方对情感的需求。

那么，如何用心给对方送礼物呢？

你可以精心地为对方做一顿饭，挑对方爱吃的做。你也可以在对方下班之后，点上香熏，在温馨的氛围中，给对方做一个舒缓的按摩。礼物不拘样式，只要用心，就能表达爱的语言。

爱的语言四：服务的行动

名著《麦琪的礼物》讲了一个非常感人的故事。一对经济拮据的小夫妻，在节日来临时，妻子卖掉了自己引以为傲的美发，给丈夫特别珍爱的金表换来一条表链；丈夫卖掉了金表，给妻子的美发买来相称的发梳。

这个故事的感人之处在于，夫妻双方把对方的愿望和欢乐看得那么重要，把给予对方快乐当成一件重要的事。

有位女士前来咨询时对我说，有一回她和老公吵架之后，老公独自出门了。她很生气，并且在心中暗暗发誓，这回一定要长点志气，不管老公怎么花言巧语也不和好，还在心中想了好几遍自己在见到老公时冷若冰霜的样子。后来，老公回来了，手里提着一堆她喜欢吃的东西。原来，老公不是赌气跑了，而是去给她买东西了。想到不喜欢逛超市、一提挑东西就"炸"的老公，在超市里笨拙挑选的样子，她就深受感动。

1. 懂得本身就让人感动

做出服务的行动的基础就是"懂得"。我懂你，意味着我花时间关注了你，并且花心力理解了你的需求。

"为了你好"也是一种爱的服务，但爱的穿透力减弱了很多。虽然最后你能从中受益，但对方这么做，更多的是凸显了他个人的意志。他替你做出了判断和决定，并以他的想法为主。而你的想法，他显然没有那么在乎。

2. 让你快乐最重要

爱情有很多种表达方式，但不是所有的表达都能直击人心。有些爱的表达，虽然花费了心思，但接受的人并不觉得有多感动，因为表达的动机很重要。

"我今天帮你干家务了，我的目的是得到你的感谢"和"我帮你扫地擦地，是为了让你高兴"这两种动机给人的感觉完全不同。"我在乎你"是一种爱的境界，"我在乎你，还无条件地接受你"

是更令人感动的爱情境界。

爱的语言五：身体的接触

身体的接触，有时比语言更能表现出情绪上的亲昵。比如流行的"摸头杀"，摸头这个动作特别有效。"鼓励、安慰、喜爱"，不必组织语言表达这些情感，一个满怀感情的摸头动作就能充分表达这些情感。

一项由多位心理学家参与的研究表明，人们可以通过身体接触准确地交流情感。在该研究中，触摸者和被触摸者被黑色窗帘隔开，除了触摸，彼此没有任何交流。但被触摸者还是能通过被触摸的手臂，感受到触摸者传达的情感。[1]

这也是为什么很多人建议夫妻在面对冲突时要停止争吵，仅仅一个拥抱，就能有效缓解争执。

心理学总结了身体接触的 3 种益处。

1. 加深亲密关系

身体接触，哪怕只是一些小动作，比如揪耳朵、捋头发，都是丰富的情绪表达。这些小小的身体接触，传达出"对方对我感

---

1 托马斯·吉洛维奇，等.社会心理学（第三版）[M].侯玉波，等译.北京：中国轻工业出版社，2016.

兴趣，想和我交流"的情绪。这会让我们感到快乐。

2. 缓解压力

通过身体的接触，我们能感受到来自他人的温暖和支持。虽然我们还是需要独自面对一些压力，但身体的接触让我们和对方的心灵有了更直接的感应，让我们能更充分地感受到对方的支持。

3. 互惠机制

"研究发现，对于人类来说，友好的身体接触模式会增加人对于请求的依从性。"[1]这是为什么呢？

因为身体接触会加深情绪交流，增强我们的积极情绪。当我们身处积极的情绪中时，我们也更倾向于用宽容的态度对待请求。身体接触还能加深彼此的感情，这样，当我们面对另一半的要求时，我们更愿意满足他，而不是拒绝他。

---

1 托马斯·吉洛维奇，等.社会心理学（第三版）[M].侯玉波，等译.北京：中国轻工业出版社，2016.

参考文献　R e f e r e n c e

[1] 罗伯特·费尔德曼.发展心理学：人的毕生发展（第6版）
　　[M].苏彦捷，邹丹，等译.北京：世界图书出版公司
　　北京公司，2013.

[2] 托马斯·吉洛维奇，等.社会心理学（第三版）[M].
　　侯玉波，等译.北京：中国轻工业出版社，2016.

[3] 约翰·戈特曼，娜恩·西尔弗.幸福的婚姻：男人与女
　　人的长期相处之道 [M].刘小敏，译.杭州：浙江人民
　　出版社，2014.

[4] 艾里希·弗洛姆.爱的艺术 [M].刘福堂，译.上海：
　　上海译文出版社，2018.

[5] 艾伦 B 知念.拯救王子的公主：唤醒世界的女性童话故

事［M］.舒伟，丁素萍，译.桂林：广西师范大学出版社，2017.

［6］马丁·塞利格曼.习得性无助［M］.李倩，译.北京：中国人民大学出版社，2020.

［7］Jerry M Burger.人格心理学（第八版）［M］.陈会昌，译.北京：中国轻工业出版社，2014.

［8］鲁道夫·谢弗.儿童心理学［M］.王莉，译.北京：电子工业出版社，2016.

［9］埃里希·弗洛姆.人类的破坏性解析［M］.李穆，等译.北京：世界图书出版公司，2014.

［10］亚伯拉罕·马斯洛.需要与成长：存在心理学探索（第3版）［M］.张晓玲，刘勇军，译.重庆：重庆出版社，2018.

［11］维吉尼亚·萨提亚，约翰·贝曼，简·格伯，玛利亚·葛莫莉.萨提亚家庭治疗模式［M］.聂晶，译.北京：世界图书出版公司，2015.

［12］阿兰·德波顿.爱上浪漫［M］.刘凯芳，译.上海：上海译文出版社，2009.

［13］阿兰·德波顿.如何思考男人和女人［M］.李海霞，译.济南：山东文艺出版社，2014.